Inhalt

Von Würzburg nach Rothenburg o. d. Tauber

Vorwort

Der Jakobsweg ist die berühmteste europäische Wanderroute und der einzige noch bestehende mittelalterliche Pilgerweg. Nach Rom und Jerusalem, den anderen beiden großen Wallfahrtszielen des Mittelalters, *reist* man heutzutage, nach Santiago de Compostela kann man noch immer – oder wieder – *pilgern*. Und die Anzahl derer, die zu Fuß, mit dem Fahrrad oder zu Pferde aufbrechen, um zum Grab des Apostels Jakobus zu pilgern, wird von Jahr zu Jahr größer. Im Mittelalter gab es ein dichtes Netz von Straßen und Wegen, die von Jakobuswallfahrern aus vielen Ländern genutzt wurden, bis die Pilgerbegeisterung im 16. Jahrhundert im Zuge der Reformation und einer neuen, neuzeitlichen Lebenseinstellung nachließ. Heute werden viele dieser alten Wege wieder entdeckt und erneut von Wanderern auf dem Weg nach Santiago begangen.

Während der Jakobsweg in Spanien (womit meist die wichtigste Pilgerstraße in Spanien, der »Camino de Santiago« gemeint ist) tatsächlich den mittelalterlichen Routen strikt folgt, konnte man in Deutschland bei der Neueinrichtung und Kennzeichnung der Wege nicht mit vorwiegend von Jakobspilgern genutzten mittelalterlichen Straßen rechnen, so dass sich die heutigen deutschen Routen vornehmlich an Orten orientieren, die nachweislich eine Beziehung zur Jakobusverehrung haben. Dafür führt der Jakobsweg in Spanien auch oft kilometerlang an den Außenbezirken großer, lärmender Städte vorbei, während die Pilger in Franken offene Kulturlandschaften, kleine Dörfer mit großer historischer Tradition und weitgehend unberührte Natur durchwandern können.

Viele der Orte sind nicht nur klein und beschaulich, sondern beinahe verlassen. Gasthäuser ohne Schilder und Karte zeugen von vergangenen »besseren« Zeiten und von wirtschaftlichen Schwierigkeiten, die zur Schließung führten. Dorfläden werben mit kleinen Fähnchen vor dem Haus, sind aber kaum jemals offen, wenn man hungrig an ihnen vorbeikommt. Einkehrmöglichkeiten sind auf manchen Teilstrecken rar bis nicht vorhanden. Aber schon jetzt macht sich das neue Interesse an der Jakobspilgerschaft auch hier bemerkbar. Sie werden auf Ihrem Weg Leuten begegnen, die »letztes Jahr den Camino gemacht haben« oder »schon immer mal auf dem Jakobsweg pilgern« wollten oder »nur noch bis zum Ruhestand warten, und dann geht's ab nach Santiago«, und vielleicht wird der Austausch von Erfahrungen und Gedanken ebenso wie ein wachsender Bedarf an Gaststätten, Hotels und Cafés zu einer neuen Gemeinschaft, neuen Ideen und einer neuen Gastfreundlichkeit untereinander führen. Wer sich auf die Wanderschaft einlässt und sich trotz Vorbereitung, Wanderführer, Kartenmaterial und guter Planung noch Freiräume lässt für das Neue, für Überraschungen und unvorhergesehene Hilfe, der kann auch jetzt schon etwas von einer echten Gemeinschaft der Jakobspilger spüren, die über das Normale und Gewohnte hinausgeht – eine Freundlichkeit und Hilfsbereitschaft, ein Miteinander, das gerade in den heutigen schwierigeren Zeiten für uns bedeutsam und hilfreich werden könnte.

In Franken gibt es drei Hauptstrecken des Jakobsweges. Die eine führt von Nürnberg nach Rothenburg ob der Tauber, wo sie sich mit der zweiten von Würzburg kommenden Strecke verbindet und über die Grenzen Frankens hinaus bis nach Ulm weiterführt. Die Strecke Lichtenfels–Nürnberg wurde erst im Jahr 2005 fertig markiert und ist somit die jüngste im modernen deutschen Jakobswegenetz. Diese drei Hauptstrecken, die von vielen einzelnen Wandervereinen (u. a. dem Schwäbischen Albverein, dem Steigerwaldclub, dem Rennsteigverein, dem Fränkischen-Schweiz-Verein etc.) im vergangenen Jahrzehnt markiert wurden, will der vorliegende Führer beschreiben. Das Buch wendet sich an alle Interessenten, egal ob sie bis nach Santiago wandern, nur eine fränkische Teilstrecke begehen oder vielleicht sogar bloß einen Tagesausflug im Fränkischen planen.

Die Strecken sind in Einzeletappen aufgeteilt, die sich am Schwierigkeitsgrad der Etappe, den Übernachtungsmöglichkeiten und an besonderen Sehenswürdigkeiten orientieren. Der erste Abschnitt jedes Kapitels enthält nach einem kurzen Überblick eine Wegbeschreibung. In natura sind die Wegstrecken durch eine weiße Muschel auf blauem Grund ziemlich gut markiert. Zwischen Lichtenfels und Nürnberg zeigt die Markierung pfeilförmig angeordnete gelbe Strahlen auf blauem Grund. Diese Markierung wird auch in Spanien verwendet. Trotz dieser Wanderzeichen gibt es aber auch immer wieder Zweifelsfälle, wenn etwa weit und breit keine Möglichkeit für eine Beschilderung vorhanden war oder das Wegzeichen an einem alten Baum verwittert und unleserlich geworden ist. In diesen Fällen sollen die Wegbeschreibungen sowie die Übersichtskarten am Kapitelanfang helfen.

Die Strecke zwischen Lichtenfels und Nürnberg wurde erst nach Erscheinen der ersten Auflage dieses Buches vollständig markiert. Für die Neuauflage wurde die Beschreibung und die Karte der Etappe entsprechend aktualisiert.

Ein zweiter Abschnitt beschreibt die am Weg liegenden Sehenswürdigkeiten. Da dieser Führer für alle Wanderbegeisterten gedacht ist, werden nicht nur Kirchen und kulturhistorische Besonderheiten vorgestellt, sondern vom Abenteuerspielplatz für die Kleinen über Museen und architektonische Kleinodien bis hin zum besonders zu empfehlenden Biergarten alle möglichen interessanten Stationen erwähnt.

Die Infokästen am Ende enthalten schließlich alle nötigen Informationen über Sehenswürdigkeiten, Einkehr- und Übernachtungsmöglichkeiten, Fremdenverkehrsämter und Rückreisemöglichkeiten und sind komplett mit Telefonnummern, Öffnungszeiten und – wenn vorhanden – Internetadressen zur größtmöglichen Bequemlichkeit des Wanderers gedacht.

Mit dem Abschnitt Lichtenfels–Nürnberg beginnt dieser Wanderführer und schließt daran direkt den Weiterweg von Nürnberg nach Rothenburg an. Im letzten Abschnitt erreicht der Weg von Würzburg kommend Rothenburg und somit das westlichste Gebiet Frankens.

Die Autoren

Denn wir haben hier keine bleibende Statt

»Wohin gehst du?« Eine Urfrage, seit dem Apostel Petrus vor den Toren Roms Jesus erschien, den er anredete: »Quo vadis, domine?« Für den Pilger ist die Frage einfach zu beantworten: Ich gehe nach Rom, nach Jerusalem, nach Santiago. Oder nach Vierzehnheiligen, zur Wieskirche, nach St. Veit. Oder nach Mekka in Saudi-Arabien, zum Berg Tai in China, nach Kandy in Sri Lanka. Wallfahrten zu heiligen Stätten kennen alle Religionen, zu allen Zeiten. Gründe für die Pilgerschaft gab und gibt es viele. Im Mittelalter war das Grab des Apostels Jakobus in Santiago neben Rom und Jerusalem eines der bedeutendsten Wallfahrtsziele des christlichen Abendlandes. Pilgerfahrt konnte Sühne für ein Vergehen sein, konnte von der Hoffnung auf Heilung geleitet oder Erfüllung eines Gelübdes sein. Nicht zuletzt war eine Wallfahrt auch die einzige Möglichkeit, aus einem fest gefügten Gesellschaftssystem auszubrechen, das sonst kein Ausbrechen erlaubte – eine Gelegenheit, unveränderliche Lebensumstände eine Zeit lang hinter sich zu lassen, Neues zu sehen, Abenteuer zu erleben, als ein Pilger unter vielen mit dem selben Ziel einer anderen, besonderen Art von Gemeinschaft anzugehören. Allen diesen Gründen begegnet man auch bei den modernen Pilgern, wenn auch unter anderen Namen: Abenteuerlust, Selbstfindung, Neuorientierung, Besinnung. Auch heute kann Pilgerschaft Ausbruch aus einem Leben sein, das zunehmend von Äußerlichkeiten, von wirtschaftlichen Zwängen und gesellschaftlicher Erstarrung bestimmt ist.

Der Pilger auf dem Jakobsweg, ganz gleich, ob das augenblickliche Ziel Santiago oder »nur« Rothenburg oder Ulm heißt, entzieht sich den Ansprüchen unserer Zeit auf größtmögliche Effektivität, auf Tempo und Zweckmäßigkeit. Entfernungen und Geschwindigkeiten bekommen ein neues Gesicht, wenn man zu Fuß an sein Ziel kommen muss. Der Pilger lernt, seine Umgebung langsamer und gründlicher zu betrachten, beginnt sogar, sich selbst neu wahrzunehmen – zurückgeworfen auf die eigenen Füße, die Kraft der eigenen Schultern, den begrenzten Besitz dessen, was er in seinem Rucksack tragen kann. Auf unberührten Waldwegen, im Takt der Wanderstöcke, in der Kühle einer Kirche oder auf dem Weg durch eine Stadt: Irgendwann unterwegs mag sich ihm ein tieferer Sinn seiner Wanderschaft erschließen. »Die gegenwärtige Welt ist Pilgerschaft; Heimat ist erst die kommende«, formulierte Augustinus die grundlegende Erkenntnis, dass der Mensch in seinem ganzen Leben im Grunde immer ein Wanderer zu einem anderen Ort und einer anderen Bestimmung ist – zu einem Ziel, das sich selbst im besten irdischen Leben niemals ganz erfüllen kann. »Wohin gehst du?«, wird sich der Pilger auf seinem Weg fragen oder fragen lassen und vielleicht eine Ahnung davon spüren, was es bedeutet, unterwegs zu sein – nicht nur zu einem sichtbaren Ziel in der Welt, sondern zu einem unsichtbaren jenseits der menschlichen Bedingungen und Grenzen; eine Reise, für die alle Pilgerschaft auf Erden ein Symbol ist und doch mehr als ein Symbol: eine fühlbare, erlebbare Umsetzung.

Sigrun Arenz

Von Lichtenfels nach Nürnberg

1 Ich wollt', mir wüchsen Flügel
Von Lichtenfels nach Zapfendorf

Lichtenfels (E Ü V) – Vierzehnheiligen (E Ü) – Staffelberg (E) – Loffeld (E Ü) – Sträublingshof (E Ü) – Dittersbrunn (E) – Prächting (E Ü) – Oberleiterbach – Zapfendorf (E Ü V)

- ca. 25 km
- Relativ lange Etappe mit vielen Sehenswürdigkeiten. Um diesen gerecht zu werden und frühzeitig starten zu können, empfiehlt sich unter Umständen die Anreise am Vortag
- Vierzehnheiligen ist einen etwas ausführlicheren Besuch wert, ebenso Lichtenfels und der Staffelberg

Hier geht's lang

Lichtenfels empfängt uns mit dem stillen Charme einer typisch fränkischen Kleinstadt. Dieses Flair nehmen wir nur zu gerne mit auf unsere urfränkische Etappe durch die Landschaft des Obermains. Startpunkt des Jakobsweges muss natürlich die Lichtenfelser Jakobskapelle sein, wo man auch die Markierung mit der Jakobsmuschel findet. Vom Marktplatz stadtauswärts folgen wir einige hundert Meter der Bamberger Straße, ehe ein schmaler Fußweg an der Kreuzung zur Conrad-Wagner-Straße links hinauf zur Kapelle führt. An ihr vorbei gelangen wir über einige Treppenstufen zur Langen Straße, die uns nach rechts zurück zur Bamberger Straße bringt. Wir folgen ihr nach links stadtauswärts.

Vor uns liegen die einzigen weniger schönen Meter des heutigen Tages, parallel zu den Gleisen, entlang der Straße, hinaus aus Lichtenfels. Hinter der Tankstelle schließlich finden wir unsere Markierung und ein Hinweisschild, die uns nach links führen und als letzte urbane Pilgerprüfung die Bundesstraße unterqueren lassen.

Dann geht es entlang einer alten Allee hinaus aufs freie Feld, vor uns liegt der Staffelberg, links sehen wir schon bald Vierzehnheiligen und rechter Hand das Kloster Banz – die so genannte »Goldene Pforte« Frankens und Vorgeschmack auf einen herrlichen Wandertag.

Bergan durch den Wald erreichen wir schnell den Besucherparkplatz von **Vierzehnheiligen** und wandern nach links auf die berühmte Wallfahrtsstätte zu. Der Besuch dieses Glanzpunktes Fränkischen Barocks ist ebenso obligatorisch wie eindrucksvoll.

Vorbei an der alten Klosterbrauerei Vierzehnheiligen führt uns die Jakobsweg-Markierung (vereinigt mit dem blauen »M« des Maintalweges) nach wenigen Metern rechts hinauf in Richtung des Staffelberges. An einer Gabelung halten wir uns links und erreichen einen geschotterten Weg, der uns nach rechts bis auf den **Staffelberg** begleitet. Auf dem Plateau des Staffelberges lag einst die keltische Siedlung Menosgada, einige Hinweisschilder erläutern die frühgeschichtlichen Hintergründe.

Der Aufstieg wird mit einer herrlichen Aussicht ins Maintal belohnt, die übrigens Victor von Scheffel zum Lied der Franken

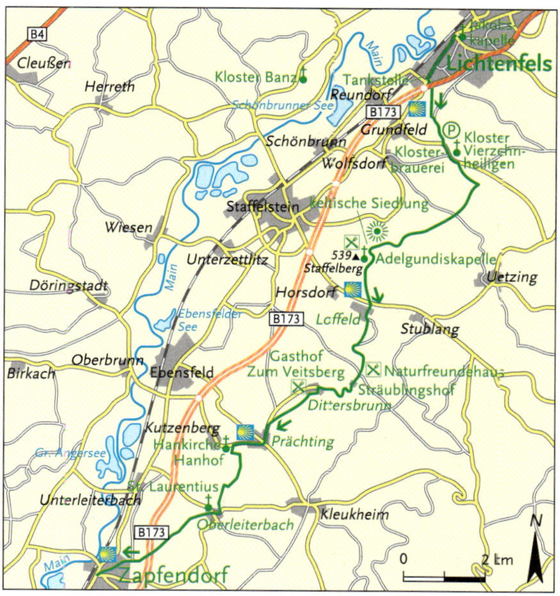

und der Liedzeile »valerie, valera, ich wünscht, mir wüchsen Flügel« inspirierte. Bei aller Euphorie: Vorsicht an der schroffen Abbruchkante. Auch eine Rast im Ausflugslokal (hier gibt es auch einen kleinen Führer über den Staffelberg zu kaufen) oder der Besuch der Adelgundiskapelle (1653) sind sehr lohnend.

Am südlichen Rand des Plateaus führt uns nun eine Holztreppe wieder steil hinab, gemeinsam mit der Markierung des Main-Donau-Weges, der uns eine Weile begleiten wird. Etwa 30 Minuten steigen wir auf einem Schotterweg hinunter durch alte Obstgärten und wenden den Blick gelegentlich zurück. Wir unterqueren schließlich die Landstraße und wandern hinein nach Loffeld. Im Ort weist der Weg und ein Schild nach links in Richtung »Naturfreundehaus«. Hinter **Loffeld** halten wir uns geradeaus. Es geht aufwärts in den Wald hinein, während die Schotterstraße nach rechts weiterführt. Wir verlassen den Wald auf der Höhe und gelangen übers freie Feld an eine kleine kaum befahrene Landstraße, der wir nach rechts folgen. Ein weiteres Mal grüßt der Staffelberg von der Ferne. Wir sehen bald **Sträublingshof** vor uns liegen. Die Markierung führt uns kurz durch den Wald, am Naturfreundehaus vorbei, bevor wir wieder dem Sträßchen durch den Ort und den sich anschließenden Wald bis **Dittersbrunn** folgen.

Kurz vor Dittersbrunn ist ein Abstecher zur St. Veitskapelle ausgeschildert. Der Jakobsweg führt jedoch über eine kleine Straße steil bergab in die Dorfmitte. Auf der Dorfstraße halten wir uns rechts, lassen den Gasthof links liegen und folgen auf weiteren zwei Kilometern einem Sträßchen nach Prächting.

In **Prächting** wenden wir uns rechts und etwa 100 Meter später mit der Markierung und dem Wegweiser Richtung Hahnhof nach links. Hier steht an der Stelle eines vorgeschichtlichen Hains mit Opferstätte und Grabhügeln die deshalb so genannte Hainkirche Maria Immaculata. Links an der Kirche vorbei führt der Weg weiter bergan. Über Felder und Flure kommen wir bis **Oberleiterbach**. 1977 gewann Oberleiterbach Gold bei dem Wettbewerb »Unser Dorf soll schöner werden« – und das sieht man noch immer. Die schöne Kirche St. Laurentius mit den Resten einer wehrhaften Friedhofsmauer bleibt rechts liegen, der Weg führt geradeaus – nicht der Dorfstraße folgen! – aus dem Dorf hinaus Richtung Zapfendorf. Der Jakobsweg ist innerhalb von **Zapfendorf** in Richtung Bamberg bis zur Pfarrkirche St. Peter und Paul ausgeschildert.

Das gibt's zu sehen

Ein Bummel durch **Lichtenfels** lohnt überaus – typisch fränkisch, beschaulich, charmant und voller entdeckenswerter Ecken präsentiert sich die Deutsche Korbstadt dem Besucher. Korbmacherei und Korbhandel sind seit dem 18. Jahrhundert bis heute in Lichtenfels ein wichtiger Wirtschaftsfaktor und werden traditionell in bester Qualität und Handwerkskunst hergestellt. Am dritten Sonntag im September findet der überaus lebendige Korbmarkt statt – eine Mischung aus Altstadtfest und Leistungsschau des Korbmacherhandwerks. Ausführlich über die Zunft der Korbmacher informiert das Deutsche Korbmuseum im nahen Michelau.

Die Silhouette von Lichtenfels prägt der schiefergedeckte Turm der katholischen Pfarrkirche Mariä Himmelfahrt. Chor und Langhaus sind gotisch, die Ausstattung barock. Interessant ist ein weniger auffälliges Detail, eingelassen in die Wand des Altarhauses: das bronzene Grabmal des Ritters Wolf von Schaumberg aus der Gießhütte der Vischer in Nürnberg. Die künstlerische Umsetzung ist bemerkenswert sorgfältig, wie beispielsweise der umklappbare Haken auf dem Harnisch, auf den die Lanze beim Reiten aufgelegt wurde, zeigt.

Weitere Sehenswürdigkeiten sind der Marktplatz mit Rathaus, das Stadtschloss, der Kronacher Torturm und das Bamberger

Ein Ruhepunkt zwischen zwei sehenswerten Zielen

Ein Höhepunkt fränkischer Barockarchitektur: Vierzehnheiligen

Tor. Unterlagen für einen kleinen Stadtspaziergang hält die Touristeninformation im Rathaus bereit.

Die Wallfahrtskirche **Vierzehnheiligen** wurde 1743–1772 von Balthasar Neumann erbaut. Sowohl der aus Kreisen und Ellipsen konstruierte Grundriss als auch die Ausstattung machen Vierzehnheiligen zu einem der bedeutendsten fränkischen Baudenkmäler. Die Kirche steht an der Stelle, an dem 1445 und 1446 einem Schäfer gleich zweimal die 14 Nothelfer erschienen sind. Der Gnadenaltar zeigt sie alle mit ihren typischen Attributen. Die Zuständigkeiten der 14 Nothelfer reichen vom Berufsstand der Architekten über Kopfschmerzen bis zu Anfechtungen in der Stunde des Todes. Ein ausführlicher Besuch dieser beeindruckenden Wallfahrtskirche ist äußerst empfehlenswert. Heute leben in den Klostermauern fünf Franziskaner, die vor allem mit der Wallfahrtsseelsorge beschäftigt sind.

Durch Victor von Scheffels »Lied der Franken« wurde der »heilige Berg der Franken«, der **Staffelberg,** berühmt. Er war jedoch schon nachweislich in der Altsteinzeit besiedelt und als Kultstätte hergerichtet. Die Kelten errichteten auf dem Staffelberg eine durch einen Ringwall geschützte Siedlung mit dem Namen »Menosgada« – die Mainstadt. Die frühbarocke Kapelle ist der Heiligen Adelgundis geweiht, die als Schutzpatronin für viele Krankheiten gilt. Landschaftlich besonders lohnend ist der Weg rund um das Plateau mit wunderbarem Blick bis nach Bamberg im Süden und der Veste Coburg im Norden.

Adressen und Öffnungszeiten:

Deutsches Korbmuseum Michelau, Bismarckstraße 4, 96247 Michelau i. Ofr., Tel. 0 95 71/8 35 48, Apr–Okt: tägl. 10.00–16.30, Mo Ruhetag, Nov–März: Mo–Do 10.00–16.30, Fr 10.00–12.00, Eintritt: 2,50/1,50 €, www.deutsches-korbmuseum.de

Wallfahrtskirche des Franziskanerklosters Vierzehnheiligen, Vierzehnheiligen 2, 96231 Staffelstein, Tel. 0 95 71/9 50 80, Sommer ca. 6.30–18.30, Winter ca. 7.30–17.30, Führungen nur nach Anmeldung, www.vierzehnheiligen.de

Adelgundiskapelle, Auf dem Staffelberg, 96231 Staffelstein, Tel. 0 95 73/54 37, Apr–Okt: tägl. außer Di 10.00–19.00, Dez–März nur Sa, So 12.00–18.00, Nov Betriebsurlaub

Einkehr (E):

»Brauerei Trunk« (alte Klosterbrauerei), Vierzehnheiligen 3, 96231 Bad Staffelstein, Tel. 0 95 71/34 88, tägl. 10.00–20.00 (Brotzeiten bis 19.00)

»Goldener Hirsch«, Vierzehnheiligen 7, 96231 Bad Staffelstein, Tel. 0 95 71/92 66 75, tägl. 10.00–18.00, Nov–Apr Mo Ruhetag

»Staffelbergklause«, Auf dem Staffelberg, 96231 Bad Staffelstein, Tel. 0 95 73/54 37, Apr–Okt: Mo–Fr 10.00–22.00, So, Fei ab 9.00, Küche bis 21.00, Di Ruhetag

»Staffelberg Bräu« (»Braustübl«), Mühlteich 8, 96231 Bad Staffelstein/Loffeld, Tel. 0 95 73/59 25, tägl. 9.00–23.00, Mo Ruhetag (durchgehend warme Küche)

»Gasthof zum Veitsberg«, Dittersbrunn 10, 96250 Ebensfeld, Tel. 0 95 73/64 19, tägl. ab 17.00, Mo Ruhetag

»Landgasthof Hummel«, Prächtinger Hauptstraße 6, 96250 Ebensfeld, Tel. 0 95 73/30 33, Di–Fr ab 16.00, Sa ab 14.00, So ab 10.00, Mo Ruhetag

»Gasthof Seelmann«, Hauptstraße 18, 96199 Zapfendorf, Tel. 0 95 47/2 38, tägl. ab 9.00, Do Ruhetag

»Gasthof Hofmann«, Hauptstraße 26, 96199 Zapfendorf, Tel. 0 95 47/62 39, Di–Fr 8.00–14.00, 17.00–1.00, Sa/So durchgehend geöffnet, 1. Wochenwerktag Ruhetag

Übernachtung (Ü):

»Gasthof Wicklespeter«, Kronacher Straße 6, 96215 Lichtenfels, Tel. 0 95 71/24 62 26, Zimmer ab 26,00 € p. P.

»Goldener Stern«, Vierzehnheiligen 6, 96231 Bad Staffelstein, Tel. 0 95 71/7 10 40, Zimmer ab 21,00 € p. P.

»Haus Frankenthal«, Vierzehnheiligen 7, 96231 Bad Staffelstein, Tel. 0 95 71/92 68, www.stern-vierzehnheiligen.de, Zimmer ab 34,00 € p. P.

»Staffelberg Bräu« (»Braustübl«), siehe Einkehr, Zimmer ab 22,00 € p. P.

»Naturfreundehaus«, Sträublingshof 6, 96250 Ebensfeld, Tel. 0 95 73/65 55, Zimmer ab 14,00 € p. P.

»Landgasthof Hummel«, siehe Einkehr, Zimmer ab 22,50 € p. P.

»Gasthof Seelmann«, siehe Einkehr, Zimmer ab 20,00 € p. P.

»Gasthof Hofmann«, siehe Einkehr, Zimmer ab 23,00 € p. P.

Verkehrsanbindung/Rückfahrt (V):

Lichtenfels–Zapfendorf–Bamberg: stdl. mit der Regionalbahn

Informationen:

Städtisches Verkehrsamt Lichtenfels im Rathaus, Marktplatz 1, 96215 Lichtenfels, Tel. 0 95 71/79 51 02, www.lichtenfels.de, Mai–Okt: Mo–Fr 8.00–18.00, Sa 9.30–13.00, Nov–Apr: Mo–Do 8.00–12.00 und 13.00–17.00, Fr 8.00–12.00

Tourist-Information Oberes Maintal – Coburger Land, Landratsamt, Zimmer E01, Kronacher Straße 30, 96215 Lichtenfels, Tel. 0 95 71/1 82 83, www.oberesmaintal-coburgerland.com

Bad Staffelstein Kurverwaltung, Bahnhofstraße 1, 96231 Bad Staffelstein, Tel. 0 95 73/3 31 20, www.staffelstein.de

Markt Ebensfeld, Rinnigstraße 6, 96250 Ebensfeld, Tel. 0 95 73/96 08 15, www.ebensfeld.de

Markt Zapfendorf, Herrngasse 1, 96248 Zapfendorf, Tel. 0 95 47/87 90, www.zapfendorf.de

Romantisches Franken

Es prangt auf allen Prospekten, Angebotskatalogen und Unterkunftsverzeichnissen: »Romantisches Franken«. Romantisch im Sinne von schmalen Tälern, nebligen Wäldern, schroffen Felsen, mittelalterlichen Burgruinen, plätschernden Bächlein, verwachsenen Bäumen und einsamen Mühlen.

Vor allem die Dichter der Romantik mit ihrem Faible für Mythisches, Märchenhaftes, Idyllisches, Schauerliches und Phantastisches ließen sich in der Mitte des 19. Jahrhunderts von der Landschaft zwischen Mainquelle und Tauber inspirieren. Nachdem die gesellschaftliche Neuordnung nach der gescheiterten Revolution 1848 in Deutschland ausgeblieben war, verloren viele Dichter den Glauben an den Sieg des Rationalen. Sie entdeckten das als wahrhaftig und natürlich empfundene einfache Volk mit seinen Traditionen. Eine ganze Bewegung entstand, die sich in Hirtenspielen erging, aber auch – nach Art einer Bürgerinitiative – Burgruinen schützte und erhielt. Franken war eine Landschaft, in der sich die unerreichbare blaue Blume bestens suchen ließ.

So vieles hat sich seither natürlich verändert, so vieles erkennt man aber auch wieder. Noch immer ragen schroffe Felsen und Burgruinen aus dem Wald. Lithografien zeigen, dass der Anblick zur Zeit der Romantik noch eindrucksvoller gewesen sein muss. Damals war die Bewaldung in Folge jahrelanger Schafzucht weitaus geringer – wie vortrefflich passend zur Hirtendichtung.

Noch heute überrascht die Lektüre des Liedes »Wanderfahrt – Das Lied der Franken« von Victor von Scheffel, steht man auf dem Staffelberg.

Zum heil'gen Veit von Staffelstein komm' ich empor gestiegen
und seh' die Lande um den Main zu meinen Füßen liegen.
Von Bamberg bis zum Grabfeldgau umrahmen Berg und Hügel
die breite, stromdurchglänzte Au – ich wollt', mir wüchsen Flügel.
Valerie, valera, valerie, valera, ich wollt', mir wüchsen Flügel.

Zugegebenermaßen ist die Kapelle auf dem Staffelberg der heiligen Adelgundis geweiht, Veit findet sich in Vierzehnheiligen. Davon abgesehen, findet der Wanderer aber Szenerie und Stimmung dieses Liedes noch heute vor und hält beim Blick vom Staffelberg hinab den Atem an.

Scheffel war gebürtiger Karlsruher und lernte Franken 1848 auf einer Studienfahrt kennen und schätzen. Scheffels Wirtsleute erinnerten sich noch Jahre später, dass sie »mit dem langen hageren Herrn Dr. Scheffel« wandern mussten – zum Trost gegen Entgeld.

Im mittelalterlichen Forchheim – hochgradig romantisch auch heute noch – stoßen wir an das Flüsschen Wiesent. Scheffel verfasste über die Wiesent Verse allerhöchster Gültigkeit für den Wanderer von heute:

Strömst tiefgrün wie ein Alpensee,
Durchsichtig bis zum Grund ...
Forellen schnalzen in die Höh'
Gern prüft' ich sie im Munde.

Dem ist nichts mehr hinzuzufügen. Außer vielleicht valerie, valera.

Reinhard Weirauch

Das fränkische Rom

2

Mit dem Main von Zapfendorf nach Bamberg

Zapfendorf (E Ü V) – Ebing (E Ü) – Baunach (E Ü V) – Hallstadt (E Ü V) – Bamberg (E Ü V)

- ca. 24 1/2 km
- Landschaftlich abwechslungsreich und mit sehr schönem Teilstück ab Baunach. Ab Hallstadt kann dann aber bedenkenlos der Stadtbus nach Bamberg genommen werden, hier verpasst der Wanderer nicht viel
- Tipp: Wählt man diese Variante, bereits bei der Haltestelle »Ottokirche« aussteigen und dem mittelalterlichen Reisenden in Bamberg auf der historischen Fernhandelsstraße und der Barockachse nachspüren

Hier geht's lang

Traurige Berühmtheit erlangte **Zapfendorf** im Zweiten Weltkrieg, als bei einem Fliegerangriff ein Munitionszug getroffen wurde und die Explosion praktisch den gesamten Ort zerstörte. Die Pfarrkirche St. Peter und Paul von 1734 wurde, wenn auch verändert, wieder aufgebaut.

Unsere Etappe beginnt direkt an der Kirche und führt uns an der Hauptstraße nach rechts, Richtung Norden, bis zum Gasthof Seelmann. Gegenüber dem Gasthof führt eine Landstraße in Richtung Rattelsdorf, der wir nun folgen. Nach etwa einem Kilometer biegt ein Feldweg bei einem Rastplatz und einem Bildstock scharf nach links ab. Der Jakobsweg folgt hier einem Wanderweg, der mit einer grünen »2« markiert ist. Entlang des Mains führt uns dieser Weg schließlich auf eine Landstraße, die uns schließlich nach **Ebing** hineinführt. Hier treffen wir zum ersten Mal auf unserer Wanderung auf eine Kirche, die St. Jakobus geweiht ist. Um sie zu erreichen, folgen wir im Ort an der Abzweigung der Oberen Straße rechts den Berg hinauf in den Ortskern. Bei der nächsten Möglichkeit biegen wir erneut nach rechts ab in die Kirchstraße und erreichen die Kirche St. Jakobus.

Nach links wandern wir nun wieder hinab, erreichen wenig später den Marktplatz und biegen nach rechts ab. Immer geradeaus verlassen wir Ebing auf einem Feldweg. Über das freie Feld erreichen wir schließlich mit der Markierung die viel befahrene B4, die Coburg mit Bamberg verbindet. Wir überqueren die Bundesstraße und folgen dem Weg auf der gegenüberliegenden Seite. Nach einer scharfen Linkskurve gabelt sich der Weg. Wir halten uns rechts und laufen geradewegs auf das Flüsschen Itz zu. Das Daschendorfer Wehr überquert die Itz. Das Örtchen Daschendorf liegt vor uns, doch der Weg führt uns erstmal nach links und verläuft ein Stück parallel zur Straße.

Schließlich erreichen wir die Landstraße und folgen dem Radweg nach links bis **Baunach**. Nach den Eisenbahngleisen biegt der Jakobsweg nach links ab, überquert auf einer Fußgängerbrücke die Baunach und erreicht die katholische Pfarrkirche St. Oswald mit ihrem markanten Turm. Die Kirche wurde 816 n. Chr. erstmals urkundlich erwähnt. Leicht rechts hal-

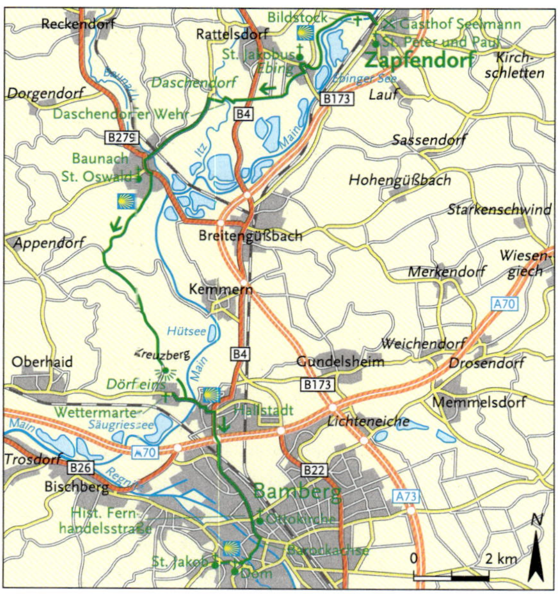

Die »Wettermarter« in Dörfleins

tend überqueren wir den Marktplatz. Dann etwas links, über das Flüsschen Lauter hinweg und sofort wieder nach rechts folgen wir dem Jakobsweg, der sich hier mit dem blauen »M« des Maintalweges vereinigt. Es geht steil bergan, bevor die Straße Baunach durch ein Wohngebiet verlässt und zu einer kaum befahrenen Landstraße, später zu einem Forstweg, wird. Knapp 100 Höhenmeter verteilen sich bequem auf die etwa sieben Kilometer durch schönen Mischwald, bis wir den Kreuzberg erreichen. Von hier führen Treppen wieder hinab, und wir gelangen auf einem Schotterweg zu einem Aussichtspunkt, von dem aus Bamberg bereits zu sehen ist. Links haltend und nach wenigen Metern wieder nach rechts führt der Weg hinab Richtung Dörfleins und Hallstadt, die am Fuße des Berges deutlich sichtbar sind. Der Wegesrand wird von zahlreichen Schlehenbüschen gesäumt, aus dessen Früchten der typisch fränkische Schlehengeist hergestellt wird – Balsam für die Verdauung nach einem deftigen fränkischen Abendessen. Steil geht es hinab, der Weg verlässt den Naturpark Hassberge und gelangt schließlich an den Main, der überschritten wird. Wir erreichen **Hallstadt**.

Im Ort treffen wir auf die Bamberger Straße, die uns nach rechts Richtung Bamberg führt. Die Route ist nun bis Bamberg wenig attraktiv, führt an der Straße stadtauswärts und später auf einem parallel verlaufenden Fahrradweg bis **Bamberg**. Wer diese zwei Kilometer vermeiden will, nutzt die regelmäßig verkehrenden Stadtbusse zwischen Hallstadt und Bamberg.

Das gibt's zu sehen

Jakobsstab und Muschel sind das Motiv des Ebinger Stadtwappens. Bereits im Jahr 800 n. Chr. wurde **Ebing** erstmalig urkundlich erwähnt und war wohl ein relativ bedeutender Ort. Die Kirche steht an der Stelle des ehemaligen Schlosses, die Kirchenmauer besteht aus Resten der alten Schlossmauer.

Nach dem Abstieg vom Kreuzberg bringt uns ein kurzer Abstecher nach rechts hinein nach **Dörfleins** zu einem der ältesten und größten Bildstöcke im Bamberger Land. Angeblich bereits seit seinem Entstehen 1361 unter dem Namen »Wetterkreuz« bekannt, ist dieser gotische Bildstock ausgezeichnet erhalten. Die Ecksäulen weisen in die vier Himmelsrichtungen.

Rund 1000 Jahre europäische Geschichte und Kunst, die sich in der historischen Altstadt Bambergs widerspiegeln, machen **Bamberg** zu einem weltweit einmaligen Bauensemble und zu einer aufregend schönen Stadt. Im Jahr 1993 nahm die UNESCO Bamberg deshalb in das Weltkulturerbe auf.

Der spätere Kaiser des Heiligen Römischen Reiches Deutscher Nation, Heinrich II., suchte 1007 eine adäquate Hauptstadt. Den Plan, Rom zur Hauptstadt zu machen, musste er verwerfen, so fiel seine Wahl auf Bamberg – eine rein strategische Überlegung, denn ein neues Verwaltungszentrum war in dieser Zeit weder möglich noch notwendig. Doch Bamberg lag günstig. Und: Bamberg verfügte über sieben Hügel, auf denen man ein Abbild Roms planen konnte. Man baute auf jeden der Hügel eine Kirche: den Dom, die Kirchen St. Michael und St. Stefan, die Karmeliterkirche, die Obere Pfarre, die St.-Jakob-Kirche und – außerhalb der Stadt gelegen – die Altenburg, die später der Sommersitz des Bamberger Bischofs war.

Alle diese Kirchen sind einen Besuch wert. Im Ursprung romanisch oder gotisch mit barocken Fassaden und Innenausstattungen finden sich hier Spuren einer 1000-jährigen Bautätigkeit. Auf dem Stadtplan wird ein weiteres symbolträchtiges Detail augenfällig: Verbindet man diese Kirchen miteinander, ergibt sich die Form eines Kreuzes. Dies wiederum bezieht sich auf den Grundriss des Himmlischen Jerusalems der Apokalypse des Johannes. Bauplanerisch umgesetzt manifestierte sich so der Anspruch des Kaisers, weltliche und geistliche Macht zu vereinen.

Wer von Hallstadt aus den Bus genommen hat, dem sei empfohlen, bereits an der Haltestelle »Ottokirche« auszusteigen. Auf dem Jakobsweg von der Ottokirche bis hin zu St. Jakob lassen sich viele hochinteressante bauliche Details des 17. und 18. Jahrhunderts entdecken.

Die Siechenstraße, im Verlauf dann Königstraße, der wir stadteinwärts folgen, entspricht der alten Fernhandelsstraße zwischen Leipzig und Nürnberg und war Teil des so genannten »Romwegs«, der Skandinavien mit Italien verband. Dieser Weg führte damals noch an der Stadt vorbei, nicht durch sie hindurch. Die zahlreichen Gasthäuser und insbesondere die hohen und breiten Eingangstore der Häuser zeugen heute noch davon, dass Händler hier Unterkunft suchten, ihre Waren einlagerten und umschlugen.

1693 bestieg Lothar Franz von Schönborn den Bamberger Bischofsstuhl. Er und sein Neffe und Nachfolger – nach eigenem Bekunden unheilbar »vom Bauwurm befallen« – prägten

Bambergs Altes Rathaus – lebendiges Weltkulturerbe

das Gesicht Bambergs nachhaltig. Die mittelalterliche Struktur Bambergs entsprach so ganz und gar nicht den absolutistischen Vorstellungen einer Residenz und machte es zudem unmöglich, eine Stadt auf dem Reißbrett zu entwerfen, wie es beispielsweise in Karlsruhe, Mannheim oder im benachbarten Erlangen geschah. Die Schönborns reagierten auf diese Gegebenheiten, indem sie zumindest eine »barocke Stadtachse« bis zur Residenz planten. Durch geschickte Baupolitik und Subventionen brachten sie die Bürger Bambergs dazu, entlang dieser Achse nicht mehr traditionelle Fachwerk-, sondern barocke Steinhäuser mit mindestens zwei Stockwerken zu bauen. Beginnend an der Ecke Königstraße/Kettensteg liegen an dem Weg zur bischöflichen Residenz deshalb noch heute eine Vielzahl bedeutender Bauten, so zum Beispiel das Bauensemble am Maxplatz mit dem ehemaligen Priesterseminar (heute das Rathaus) und dem ehemaligen Katharinenspital (heute ein Warenhaus), die von Balthasar Neumann gebaut wurden, sowie dem Wohnhaus des Architekten Johann Dientzenhofer (Maxplatz 8). Auch St. Martin und den Neptunsbrunnen am Grünen Markt, das alte Rathaus und natürlich den Domplatz mit Dom, alter Hofhaltung und dem barocken Höhepunkt, der bischöflichen Residenz, sollte man nicht versäumen.

Adressen und Öffnungszeiten:

Diözesanmuseum, Domkapitelhaus, Domplatz 5, 96049 Bamberg, Tel. 09 51/50 23 16, Di–So 10.00–17.00, www.eo-bamberg.de, Eintritt 3,00/2,00 €

Historisches Museum, In der alten Hofhaltung, Domplatz 7, 96049 Bamberg, Tel. 09 51/5 19 07 46, Mai–Okt: tägl. 9.00–17.00, Mo Ruhetag, Eintritt 3,00/2,00 €

Kaiserdom, Domplatz,96049 Bamberg, tägl. 8.00–17.00, Führungen: Mo–Fr 14.00, Sa 13.00, 14.00, So 13.00, 15.00

St.-Jakob-Kirche, Jakobsplatz, 96049 Bamberg, tägl. 9.00–16.00

Einkehr (E):

»Drei Kronen«, Marktplatz 18, 96179 Ebing, Tel. 0 95 47/3 43, tägl. ab 10.00, Mo, Sa ab 15.00, Di Ruhetag, www.gasthof-groh.de

»Brauerei Sippel«, Burgstraße 20, 96148 Baunach, Tel. 0 95 44/24 88, tägl. 9.00–24.00, Mi Ruhetag

»Obleyhof«, Marktplatz 1, 96148 Baunach, Tel. 0 95 44/67 29, tägl. ab 9.00, Di Ruhetag
»Goldener Adler«, Lichtenfelser Straße 35, 96103 Hallstadt, Tel. 09 51/9 72 70, tägl. ab 11.30

Übernachtung (Ü):
»Drei Kronen«, siehe Einkehr, Doppelzimmer ab 35,00 €
»Obleyhof«, siehe Einkehr, Zimmer ab 22,00 € p. P.
»Hotel Frankenland«, Bamberger Straße 76, 96103 Hallstadt, Tel. 09 51/7 12 22, Doppelzimmer ab 62,00 €
»Alt Ringlein«, Dominikanerstraße 9, 96049 Bamberg, Tel. 09 51/9 53 20, Zimmer ab 45,00 € p. P.
»Altenburgblick«, Panzerleite 59, 96049 Bamberg, Tel. 09 51/ 9 53 10, Doppelzimmer ab 72,00 €
Lifestyleappartements »Essbar Wohnbar«, Stangsstraße 3, 96047 Bamberg, Tel. 09 51/2 08 09 54, Doppelzimmer ab 75,00 €, www.wohnbar-bamberg.de

Verkehrsanbindung/Rückfahrt (V):
Bamberg–Zapfendorf: stdl. mit der Regionalbahn
Hallstadt–Bamberg: regelmäßige Busverbindung mit der Linie 4
Bamberg liegt an der ICE-Strecke Berlin–Nürnberg

Informationen:
Stadt Hallstadt, Marktplatz 2, 96103 Hallstadt, Tel. 09 51/ 75 00, www.hallstadt.de
Tourist Information Bamberg, Geyerswörthstraße 3, 96047 Bamberg, Tel. 09 51/2 97 62 00, Mo–Fr 9.30–18.00, Sa 9.30–14.30, Apr–Dez: zusätzlich So, Fei 9.30–14.30, www.stadt.bamberg.de

Der Jakobsweg mahnt Europa

Durch ganz Europa zieht sich das dichte Netz an Jakobswegen, die alle auf ihr Ziel in Santiago de Compostela zu führen, wo man im 9. Jahrhundert das Grab des Apostels Jakob entdeckte oder zumindest die dort entdeckten Gebeine dem Heiligen Jakob zuschrieb. Im Westen Europas bündeln sich die einzelnen Routen, bis sich in Spanien, in Puente la Reina, die vier Hauptrouten vereinigen. Erst jetzt kann man im allerstrengsten Sinne vom eigentlichen Jakobsweg sprechen. Pilger aus ganz Europa, aus Spanien, England, Deutschland, Frankreich oder Russland, gehen die letzten Kilometer gemeinsam. Der Jakobsweg wird so auch zum Ort interkultureller Kommunikation.

Manche der Routen nach Santiago, die in neuerer Zeit entstanden, sind historisch nicht belegt. Einiges lässt sich dennoch anhand der vorhandenen Infrastruktur rekapitulieren. So ist es beispielsweise äußerst wahrscheinlich, dass Pilger, die Franken von Nordosten her bereisten, eine Route über Bamberg wählten. Auch ist davon auszugehen, dass die mittelalterlichen Pilger die kürzesten Wege bevorzugten, also wahrscheinlich wenig geneigt waren, zur Besichtigung landschaftlicher, kultureller oder kulinarischer Höhepunkte größere Umwege in Kauf zu nehmen, sollten sie überhaupt Kenntnis davon besessen haben.

Bei der Planung der neuesten Routen – wie zum Beispiel bei der Strecke Lichtenfels–Bamberg–Nürnberg, die erst im Jahre 2005 fertig gestellt wurde – wird deshalb ein Kompromiss angestrebt. Einerseits soll der Weg dem vermutlichen historischen Pilgerpfad folgen, andererseits dem modernen Pilger einen möglichst attraktiven Routenverlauf bieten.

So haben der fränkische Jakobsweg und der spanische Pilgerweg heute vor allem eins gemeinsam: Sie führen durch zwei außergewöhnliche Städte. Sowohl Bamberg als auch Santiago de Compostela sind von der UNESCO ausgezeichnete Weltkulturdenkmäler. In Santiago de Compostela wurden weite Teile der Altstadt 1985 unter Schutz gestellt, darunter insbesondere die romanische Jakobsbasilika mit ihrer Barockfassade – dem Traumziel der Jakobspilger – und dem Grab des Jakobus unter dem Altar. Romanische, gotische und barocke Bauten rund um die Basilika ergeben eines der schönsten Stadtgebiete der Welt.

Bamberg ist nach heutigem Stand eine der 30 von der UNESCO in das Weltkulturerbe aufgenommenen Stätten in Deutschland und dennoch eine große Ausnahme. Denn in Bamberg wurde die histo-

rische Altstadt großflächig unter Schutz gestellt. Das einzigartig historische Stadtbild wuchs in mehr als 1000 Jahren, die Bausubstanz und die Straßenführung veränderten sich auch in der Zeit der Industrialisierung kaum, selbst der Zweite Weltkrieg verschonte Bambergs Stadtbild weitgehend. Dieses einmalige Ensemble umfasst drei historische Siedlungsgebiete. Die Gärtnerstadt auf dem rechten Regnitzufer, die Inselstadt zwischen den beiden Flussarmen und der älteste Teil, die Sandstadt rund um den Domberg, ergeben gemeinsam das heutige Bamberger Stadtbild. Mittelalterliche Kirchen, barocke Bürgerhäuser und Paläste repräsentieren eine Baukunst, die weit nach Europa hinein wirkte. Zahlreiche Bauten aus dem 11. bis 18. Jahrhundert lassen Architekturgeschichte lebendig werden. Über 1000 Häuser der Bamberger Altstadt stehen heute unter Denkmalschutz.

Die UNESCO-Auszeichnung übertrifft als Werbebotschaft in ihrer Glaubwürdigkeit jede Anzeigenkampagne. Wachsende Ströme an Besuchern sind die Folge, die einerseits natürlich mit ihrem Interesse und ihren Eintrittsgeldern dazu beitragen, die enormen Aufwendungen für den Erhalt der Baudenkmäler zu bestreiten, die andererseits aber auch die Stätten gefährden können. Derzeit gelten 35 Welterbestätten als gefährdet, Bamberg gehört zum Glück nicht dazu. Die Voraussetzungen, dass dies so bleibt, sind im Grunde nicht schlecht. Bambergs mittelalterliche Straßenführung erstickt einen flüssigen Autoverkehr im Keim, so dass selbst eingefleischte Autofahrer den Weg in die historische Altstadt scheuen. Öffentlicher Nahverkehr und Straßenplanung bieten eine relativ gute Verkehrsanbindung. Dennoch gleicht der Domplatz in der Saison gelegentlich einem riesigen Parkplatz und das Gebiet rund um den Domberg ist auch mit wenig Verkehr im Handumdrehen überfüllt.

Der Erhalt eines so großen Gebietes verlangt einen gewaltigen Einsatz von der Politik und vor allem auch den Besitzern der historischen Gebäude. Und mancher Kampf gegen die Zerstörung alter Bausubstanz wurde bereits verloren. Ein deutlich sichtbares Beispiel ist hierfür die Nordseite des Maxplatzes. Allein das schmale Haus Nr. 15 hat den Kahlschlag überlebt und ist ein schwacher Abglanz des einstmaligen Prunks dieses Ensembles. Auch dem Gärtnerviertel als Ganzem droht langsamer Verfall und schließlich eine »Generalsanierung« zu einem Neubauviertel. Dennoch ist Bamberg heute eine der wenigen bedeutenden deutschen Städte, die den Zweiten Weltkrieg beinahe unbeschadet überstanden hat, und ein lebendiger und belebter Ort voller offensichtlicher und versteckter Begegnungen mit der Geschichte und der Gegenwart.

Reinhard Weirauch

3 Die kulinarische Etappe
Von Bamberg nach Hallerndorf

Bamberg (E Ü V) – Höfen (E) – Reundorf (E) – Herrnsdorf (E) – Schlüsselau (E) – Schnaid (E) – Kreuzberg (E) – Hallerndorf (E Ü V)

- ca. 23 km
- Schöne, waldreiche Etappe durch die fränkische Dorfidylle. Die kleinen Kirchen lohnen einen Besuch, die hübschen Dörfer sind einladend und die Gastronomie bürgerlich, aber von bester Qualität
- Achtung: Auf dem Teilstück zwischen Bamberg und Forchheim gibt es keine Übernachtungsmöglichkeiten direkt am Jakobsweg. Ein kleiner Umweg vom Kreuzberg hinab führt uns aber zu dem schönen Landgasthof Rittmayer nach Willersdorf

Hier geht's lang

In **Bamberg** führt uns der Jakobsweg von der St.-Jakob-Kirche in südlicher Richtung hinab und am Fuß des Jakobsberges halblinks am Karmeliterkloster vorbei bis zum Kaulberg, dem wir nach rechts folgen. Eine ganze Weile gehen wir bergauf, ehe der Kaulberg zu einer vierspurigen Ausfallstraße (Buger Straße) wird und uns schließlich ans Bamberger Klinikum führt. Wer den beschwerlichen Weg aus der Stadt hinaus scheut, kann auch bequem mit dem Stadtbus bis zum Klinikum fahren.

Hier beginnt der Bruderwald – ein beliebtes Ziel der Bamberger Sonntagsspaziergänger. Der Jakobsweg weist uns beim Wendehammer geradewegs in das Gehölz, unser nächstes Ziel Höfen ist bereits angeschrieben. In diesem pilzreichen, wunderschönen Mischwald vergessen wir bald den Unbill der Asphaltstraße. An der nächsten Kreuzung halten wir uns rechts und wenig später an einer Weggabelung links.

Nach etwa zwei Kilometern verlassen wir den Wald, überqueren rechtshaltend die Aurach und werden in **Höfen** äußerst gastlich durch einen Biergarten empfangen, der uns zur Hauptstraße führt. Wir wenden uns nach rechts und finden hinter der Kirche den Reundorfer Weg, dem wir nach links folgen. Achtung: nach wenigen Meter weist der Weg in einen Bauernhof. Hinter dem überdachten Durchgang zwischen zwei Scheunen sieht man bereits den Feldweg, der uns weiter in südlicher Richtung bringt. Keine Hemmungen, das Überqueren des Hofes ist also durch den Besitzer gestattet.

Etwa 400 Meter hinter dem Hof weist eine an einer Scheune angebrachte Markierung links in einen wunderbaren Buchenmischwald. Auf uns wartet der beschwerliche Aufstieg auf den Distelberg. Nach etwa einem Kilometer und auf etwa 370 Metern Höhe senkt sich der Weg wieder hinab nach **Reundorf**. Die geteerte Distelbergstraße begleitet uns auf den letzten Metern in den Ort und zur Pfarrkirche St. Otto. Hier halten wir uns links, folgen ein Stück dem Radwanderweg »6« und verlassen Reundorf in Richtung Frensdorf. Direkt hinter der Brücke, die uns über die »Rauhe Ebrach« führt, zweigt der Weg nach links

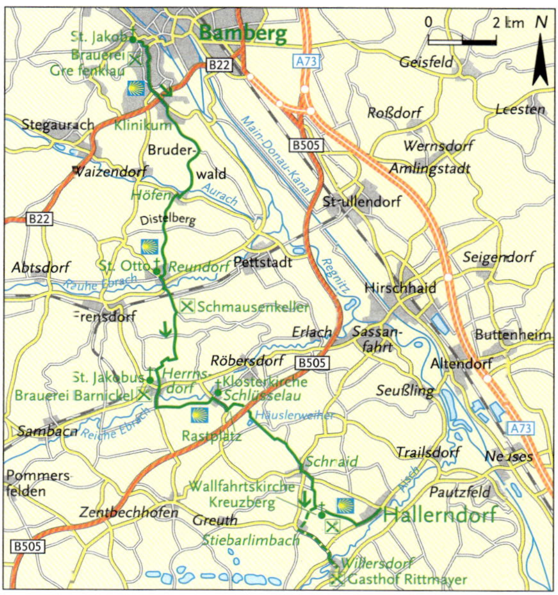

ab, ein Wegweiser zeigt die Richtung zum »Schmausenkeller« an. Nachdem wir eine Bahnlinie überquert haben, verlässt der Jakobsweg an einer Kapelle den Radwanderweg, der nach links weiterführt. Wir aber halten uns geradeaus und treffen auf den »Schmausenkeller«, ein vielversprechender Name, der alle Verheißungen erfüllt.

Der Jakobsweg führt entlang des Waldrands weiter. Nach wenigen Schritten gehen wir in den Wald hinein, zunächst geradeaus, an der ersten großen Gabelung rechts und nach wenigen Metern erneut rechts. Noch einmal müssen wir hier am Rande des Mainbergs etwas steigen. Wenn sich der Weg wieder senkt, weist uns die Markierung nach links und folgt einem kleinen Waldpfad. Nun zieht sich der Weg am Rand des Berges entlang, bis er auf eine Forststraße trifft, an der wir uns nach rechts wenden. Noch einmal halbrechts an einer Wegkreuzung am Wandrand und wir sehen **Herrnsdorf** und gehen darauf zu. Inzwischen hat man sich an diesem noch sehr jungen Jakobsweg auch auf die Pilger eingestellt, und man kann sich in der Brauerei Barnickel oder bei Familie Dotterweich (Am Seeberg 10) einen Pilgerstempel abholen. Die hübsche Herrnsdorfer Pfarrkirche St. Jakobus d. Ä. mit der eindrucksvollen, teilweise noch erhaltenen Wehrmauer lohnt zudem einen kurzen Besuch. In südlicher Richtung verlassen wir Herrnsdorf auf der Landstraße nach Zentbechhofen und überqueren nach wenigen Metern nun das Flüsschen »Reiche Ebrach«. Auf der Höhe des Sportplatzes folgen wir der Teerstraße nach links. Nach zwei Kilometern erreichen wir **Schlüsselau**. Der Jakobsweg weist gemeinsam mit dem Steigerwald-Radweg nach rechts, hinaus aus Schlüsselau. Die Landstraße führt bergauf. Oben lädt ein Rastplatz an einem Kruzifix zu einer kleinen Verschnaufpause. Wir genießen den traumhaft schönen Blick zurück ins Tal. Dann wenden wir uns von der Straße weg scharf nach links und folgen parallel zur in einiger Entfernung sichtbaren B 505 dem geschotterten Weg, der uns in den Wald führt. Rechts haltend unterqueren wir schon bald die Bundesstraße und wenden uns ca. 100 Meter nach der Unterführung erneut nach rechts.

Der »Häuslerweiher«, der rechter Hand liegen bleibt, zeigt uns an, dass wir uns langsam, aber sicher der Aisch und damit der Wiege des fränkischen Karpfens nähern. Zunächst aber stoßen wir auf eine Teerstraße und folgen ihr nach links. An einer scharfen Linkskurve zweigt ein Waldpfad nach rechts ab.

Wir steigen stetig streng geradeaus bergan und ignorieren alle Wege, die nach rechts und links abgehen. Der romantische Waldpfad verlässt den Forst. Schnaid liegt vor uns. Der schmucke Ort ging vermutlich im 8. Jahrhundert aus einer freibäuerlichen Siedlung hervor. Auf der Hauptstraße halten wir uns rechts Richtung Ortsmitte.

Wir durchwandern **Schnaid** in Richtung Willersdorf und verlassen den Ort. Nach etwa 300 Metern weisen Schilder nach links zum Kreuzberg, die Wallfahrtskirche ist bereits vor uns zu sehen. Die Kreuzverehrung war dort einmal Ziel größerer Prozessionen. Noch immer finden Gottesdienste statt, viel weltlicher ist allerdings das Anliegen der meisten »Wallfahrer«, die heute den Kreuzberg besteigen. Drei Brauereien haben auf dem Kreuzberg seit dem 18. Jahrhundert ihre Keller. Konkurrenz belebt hier wirklich das Geschäft. Die Qualität der Angebote ist ausgezeichnet.

Nachdem wir fränkische Spezialitäten unter schattigen Bäumen verkostet haben, führt uns der Jakobsweg gemeinsam mit der Gelben-Raute-Markierung hinab in den Unteren Aischgrund und an der Straße links hinein nach **Hallerndorf.** Im Gemeindegebiet Hallerndorf gibt es bei knapp 4000 Einwohnern sechs private Brauereien. Der ideale Ort, um die müde gewanderten Beine unter einem Wirtshaustisch auszustrecken.

Der Schmausenkeller lädt zur Brotzeit.

Das gibt's zu sehen

Es fällt leicht, die Franken zum Fressen gern zu haben. Die Gegend ist sicherlich nicht das Richtige für den Gourmet, der es exotisch mag, viel eher für den Gourmand, der sehr gute bürgerliche Küche und Qualität zu wirklich moderaten Preisen schätzt. Diese Etappe bietet sich dazu an, einen Schlemmerausflug in die Welt fränkischer Genüsse zu unternehmen.

Bereits ganz zu Anfang unserer Wanderung finden wir in **Bamberg** am Kaulberg rechter Hand die Brauerei Greifenklau. Die Vielfalt fränkischer Biere ist weltweit einmalig. Allein in Bamberg gibt es neun private Brauereien. Die Brauerei Greifenklau ist nicht die älteste, sicherlich aber eine der ursprünglichsten Bamberger Brauereien und genießt besonders bei den Einheimischen einen ausgezeichneten Ruf. Hervorragend ist das Lagerbier, das bestens zu den Braten mit Bamberger Wirsing passt oder zu den so genannten »Blauen Zipfeln«. Hierbei handelt es sich um feine fränkische Bratwürste, die in einem Sud aus Essig, Zwiebeln, Wurzelzeug, Nelken und Gewürzen gar gezogen werden. Unbedingt probieren!

In **Reundorf** – vielmehr etwa einen Kilometer außerhalb der Ortschaft – wartet ein wahrlich einladender Biergarten auf den Wanderer. Die Reundorfer Brauerei Müller betreibt hier den

Zeugnis klösterlicher Kultur in Schlüsselau

»Schmausenkeller«. Das Wort »schmausen« ist selbsterklärend, »Keller« bezieht sich darauf, dass die Brauer ihr Bier früher außerhalb des Ortes in Stollen, die in den weichen Sandstein der fränkischen Hügel getrieben wurden, lagerten. Die Einheimischen packten anno dazumal eine deftige Brotzeit zusammen und pilgerten dem Bier hinterher. Sie gingen »auf den Keller«. Noch immer ist es Brauch, dass man seine Brotzeit selbst mitbringt. Auf dem »Schmausenkeller« kann sich jeder selbstverständlich auch eine fränkische Brotzeit servieren lassen. Die »Kellerplatte« bietet von allen Spezialitäten etwas. Typisch und empfehlenswert ist zum Beispiel der »Zwetschgenbames«. Das Wort hat es noch nicht in den Duden geschafft, die Schreibweise variiert von Wirt zu Wirt. Immer aber handelt es sich um einen geräucherten und luftgetrockneten Schinken vom Rind, der jederzeit mit der luftgetrockneten italienischen oder spanischen Konkurrenz mithalten kann. Beim »Schmausenkeller« ist der »Zwetschgenbames« natürlich aus eigener Schlachtung und das Bier aus der eigenen Brauerei.

Der Franke gilt als sesshaft, böse Zungen nennen ihn provinziell, sein Charme ist eher rau. Und trotzdem entbehren diese Eigenschaften nicht einem gewissen Flair. Mit Händen greifbar wird die fränkische Seelenlandschaft in der Brauerei Barnickel in **Herrnsdorf**. Seit 1366 (!) durchgehend als Familienbetrieb geführt, ist »der Barnickel« die Brauerei mit der längsten Tradition und in der Region weithin bekannt. Saisongerichte, wie Spargel oder Wild, kann man hier verkosten und eine echte oberfränkische Bierspezialität: feines Rauchbier. Die eigene Schlachterei und Brennerei tun ihr Übriges.

Kulinarischer Höhepunkt ist der **Kreuzberg** zwischen Schnaid und Hallerndorf. Kurz bevor man den Aischgrund erreicht, befinden sich um die Wallfahrtskirche herum allein drei Bierkeller mit eigenen Brauereien und der Spezialität des Aischgrunds: Karpfen. Traditionell dauert die Karpfensaison nur von September bis April. Diese Hygienevorschrift stammt aus dem Mittelalter und sollte in den kühleren Monaten die Haltbarkeit verlängern. Heute ist das nur mehr Tradition, an der die Franken aber verbissen festhalten und dafür jährlich durch Vorfreude belohnt werden. Die Römer führten den Karpfen aus Asien ein, die Mönche taten ihr Bestes, ihn zu verbreiten, galt er doch als die ideale Fastenspeise. Die Franken schließlich haben Karpfenzucht und -zubereitung veredelt – sie verehren, züchten, feiern und essen ihn – in heißem Fett gebacken, mit Kartoffeln und Salat. Auf dem Kreuzberg gibt es Karpfenvariationen in bester Qualität und wunderbarem Ambiente.

Die einstige Kirche zur Hl. Dreifaltigkeit des Zisterzienserinnen-Klosters in **Schlüsselau** gilt auch wegen ihrer herrlichen Lage als ein bedeutendes Zeugnis klösterlicher Kultur in Franken. Die Kirche wurde in mehreren Bauabschnitten zwischen dem 14. und dem 18. Jahrhundert erbaut. Von den einstigen Klostergebäuden ist der benachbarte Renaissancebau mit einem schönen Portal erhalten. Im Inneren der Kirche ist besonders das Kruzifix an der Südwand des Langhauses von Bedeutung. Es stammt aus der zweiten Hälfte des 13. Jahrhunderts, also aus der Zeit der Zisterzienserinnengründung. Typisch für die frühe Gotik ist die Strenge der Darstellung.

Adressen und Öffnungszeiten:

Pfarr- und Wallfahrtskirche, Schlüsselau, tägl. (kaum vermarktet, aber meist offen, es liegt ein kopierter Zettel mit empfohlenem Rundgang aus)

Einkehr (E):

»Brauerei Greifenklau«, Laurenziplatz 20, 96049 Bamberg, Tel. 09 51/5 32 19, www.greifenklau.de, Mo–Sa 9.00–23.30, So 9.30–14.00

»Brauerei Endres«, Höfen 21, 96179 Rattelsdorf, Tel. 0 95 47/2 64, Mo, Mi, Do, Fr ab 15.00, So ab 11.00, Di/Sa Ruhetag

»Brauerei Müller«, Lange Straße 2 und »Schmausenkeller«, Bahnhofsstraße, 96158 Frensdorf, Tel. 0 95 02/2 80 bzw. 0 95 02/6 08, März–Okt: tägl ab 16.00, So ab 11.00, im Winter und bei schlechtem Wetter ist die Brauereistube geöffnet, Do Ruhetag

»Brauerei Barnickel«, Dorfstraße 5, 96158 Frensdorf, Tel. 0 95 02/2 93, tägl. ab 10.00, Mi Ruhetag

»Gasthaus Bittel«, Schlüsselau 15, 96158 Frensdorf, Tel. 0 95 02/13 39, Fr ab 16.00, Sa ab 14.00, So ab 16.00, Mo–Do geschlossen

Bierkeller auf dem Kreuzberg:

»Friedels Keller«, Schnaid/Kreuzberg, 91352 Hallerndorf, Tel. 0 95 45/47 36, www.friedels-keller.de, Apr–Okt tägl. ab 10.00, Nov–März Fr, Sa, So ab 10.00

»Brauerei Rittmayer«, Trailsdorfer Straße 4, 91352 Hallerndorf, Tel. 0 95 45/50 92 14, tägl. ab 10.00, Di Ruhetag, www.rittmayer.de

»Brauerei Lieberth«, Forchheimerstraße 2, 91352 Hallerndorf, Tel. 0 95 45/85 58, tägl. ab 16.30, Mo und Mi Ruhetag

Übernachtung (Ü):

»Landgasthof-Hotel Rittmayer«, Willersdorf 108, 91352 Hallerndorf, Tel. 0 91 95/9 47 30, Zimmer ab 36,00 € p. P., www.hotel-rittmayer.de (Willersdorf liegt etwa 2 km westlich von Hallerndorf. Abkürzen kann man diese Strecke, indem man sich auf dem Kreuzberg rechts hält und über Stiebarlimbach absteigt, Markierung mit gelbem Senkrechtstrich)

Verkehrsanbindung/Rückfahrt (V):

Hallerndorf–Forchheim–Eggolsheim–Bamberg: Mo–Fr alle 2 Std. mit der Buslinie 265. Von Forchheim geht der Regionalzug stündlich zurück nach Bamberg.

Informationen:

Gemeinde Frensdorf, Kaulberg 1, 96158 Frensdorf, Tel. 0 95 02/9 44 90, www.frensdorf.de

Gemeinde Hallerndorf, Von-Seckendorf-Straße 10, 91352 Hallerndorf, Tel. 0 95 45/4 43 90, www.hallerndorf.de

4 Mittelalter pur
Über den Aischgrund zur Hauptstadt der Trachten

Hallerndorf (E Ü V) – Forchheim (E Ü V) – Sigritzau (E) – Pinzberg (E Ü V) – Effeltrich (E Ü V)

- ca. 21 km
- Forchheim ist ein echter Höhepunkt. Die Stadt hat sich ihr fränkisches Gesicht bewahrt. Insbesondere die vielen Fachwerkhäuser prägen das mittelalterliche Zentrum
- Die Wehrkirche in Pinzberg ist ebenfalls einen Besuch wert

Hier geht's lang

In **Hallerndorf** führt uns der Jakobsweg gemeinsam mit einer Gelben-Raute-Markierung hinaus aus dem Dorf und über die Aisch. Die gelbe Raute wird uns nun bis Forchheim begleiten. Wie stoßen auf eine größere Landstraße, die wir überqueren und der wir etwa 15 Meter nach links folgen. Dann weist uns die Markierung nach rechts weg von der Straße. An der folgenden Weggabelung halten wir uns erneut rechts und wandern hinein in einen ausgedehnten Forst, den wir erst kurz vor **Forchheim** wieder verlassen: Etwa acht angenehme Wanderkilometer liegen vor uns. Dann öffnet sich der Wald und wir stoßen auf den Forchheimer Stadtteil Burk und geradeaus auf die B 407. Ihr folgen wir ein Stück nach links, überqueren dann den Main-Donau-Kanal und die Autobahn, ehe wir in die sehenswerte mittelalterliche Innenstadt Forchheims eintauchen.

Wenig attraktiv ist der Weg hinaus aus Forchheim. Entlang der großen vierspurigen Ausfallstraße (zunächst Theodor-Heuss-Allee, später Willy-Brandt-Allee) wandern wir in Richtung Süden, bis schließlich, kurz nachdem wir den Trubbach überschritten haben, nach links das Sträßchen Am Augraben abzweigt. Ihm folgend unterqueren wir eine Bahnlinie und überqueren kurz darauf eine zweite. Der Weg führt nun parallel zum Schienenstrang und bietet einen schönen Blick auf den heiligen Berg von Franken, die Ehrenbürg. Wir passieren die Schienen an einer Wegkreuzung (Achtung: Markierung fehlt), vor uns liegen die Gewächshäuser von **Sigritzau**. Das romantische Dörfchen verabschiedet uns mit einer wunderschönen, alten Eichenallee, die uns aus dem Ort herausführt.

An der Landstraße folgen wir dem Radweg »5« nach links bis zur Abzweigung nach Kersbach. Hier kurz rechts halten und dem Radweg nach wenigen Metern nach links hinein in den Wald folgen. Ein Schweiß treibender Aufstieg zunächst durch den Wald, später durch alte Obstgärten bringt uns nach **Pinzberg**. Direkt vor der Pfarrkirche St. Nikolaus führt die ausgeschilderte Straße Richtung Effeltrich nach rechts. An der Pinzberger Kapelle zweigt ein kaum befahrenes Landsträßchen in Richtung Gaiganz links ab. Wir folgen ihm. An einem Wasserbehälter halten wir uns rechts. Nach etwa zehn Minuten Fußweg grüßt erneut die Ehrenbürg linker Hand. Schließlich knickt die Straße nach links ab, von rechts stößt der Weg von Poxdorf kommend zu uns, wir aber wandern geradeaus über diese Kreuzung hinweg in das vor uns liegende Tal. Auf dem Abstieg passieren wir die Felder und Obstgärten der zahlreichen Effeltricher

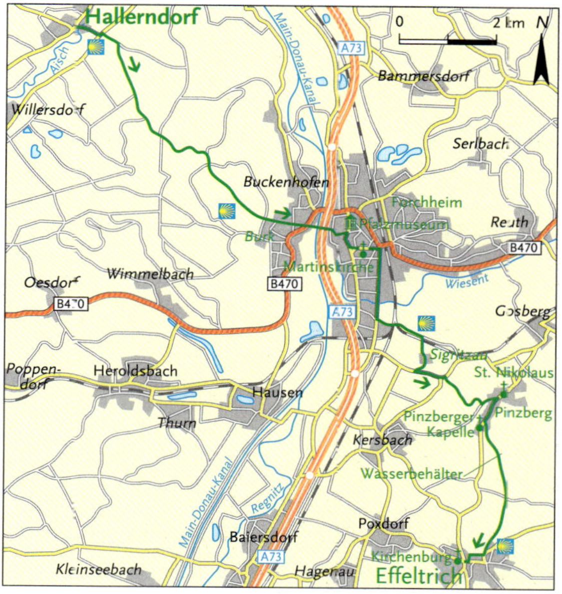

Baumschulen und erreichen **Effeltrich**. Am Ortsanfang biegen wir rechts in den Rosenweg ein. Die Markierung führt uns am Sportplatz vorbei schließlich in den Ortskern.

Das gibt's zu sehen

Im Westen liegt der Steigerwald, im Osten die Fränkische Schweiz: **Forchheim** liegt landschaftlich ungemein reizvoll. Hier fließen Wiesent und Regnitz zusammen, und archäologische Funde weisen nach, dass eine Besiedlung dieses Gebiets offensichtlich schon in prähistorischer Zeit attraktiv war. Die historische Altstadt und ihre Sehenswürdigkeiten atmen die lange Geschichte Forchheims. Erstmals urkundlich erwähnt wird Forchheim im Jahr 805 n. Chr. Im 9. und 10. Jahrhundert gewann die Stadt als Kaiserpfalz der späteren Karolinger Bedeutung und wurde von Kaiser Heinrich II. 1007 dem Bistum Bamberg geschenkt. Ab 1552 wurde Forchheim in einer 200-jährigen Bauzeit zur Grenzfestung des Bistums ausgebaut.

Auf unserem Weg in die Altstadt treffen wir zuerst auf die Kaiserpfalz. Der Name hat sich etabliert, lange ging man davon aus, dass der Kaiser sich hier aufhielt. Inzwischen hat sich aber herausgestellt, dass das Gebäude aus dem 14. Jahrhundert stammt und dem Bamberger Fürstbischof gehörte. Heute befindet sich hier das hochinteressante Pfalzmuseum.

Fachwerk, wohin das Auge blickt: die Forchheimer Altstadt

Wanderfreuden durch die alte Allee bei Sigritzau

Der große Rathausplatz direkt an der Hauptstraße wird von eindrucksvoller Fachwerkarchitektur beherrscht. So eindrucksvoll das Gesamtensemble – ein Blick auf die Details ist ebenso interessant und unterhaltsam. Ein Forchheimer Zimmermann hat sich an den Fassaden mit Holzschnitzereien und mit zum Teil durchaus derben Darstellungen verewigt. Am Nordgiebel des Haupthauses befindet sich beispielsweise eine kniende Figur mit Spiegel – Symbol für Eitelkeit. Direkt darüber entblößt eine weitere Figur ihren Allerwertesten vollständig. Hierbei handelt es sich nicht etwa um einen Anschlag auf die vormaligen Hausbesitzer, vielmehr sollten diese Figuren jene gegen Geister schützen.

Hinter dem Rathausplatz überragt der Turm der Martinskirche das Ensemble. Für nahezu 1 000 Jahre die einzige Pfarrkirche der Stadt vereinigt sie beinahe alle bedeutenden Baustile. Querschiff und Langhaus sind romanisch, im 15. Jahrhundert wurde sie gotisch umgestaltet und später mit einer überwiegend barocken Innenausstattung versehen. In der Martinskirche ist ein ausführlicher Kirchenführer erhältlich.

Hoch her geht es in Forchheim jedes Jahr um den Annatag, den 26. Juli, herum. Zehn Tage lang wird dann das Annafest gefeiert. Die Ursprünge liegen bei durstigen Forchheimer Pilgern, die nach Weilersbach auf Wallfahrt gingen. Wer kann es ihnen verdenken, dass sie auf dem Rückweg eine kleine Rast im Kellerwald einlegten. Als die Schützengesellschaft ihre Schießstätte und ihr jährliches Schießen ebenfalls in den Kellerwald und auf den Annatag legten, war das Volksfest perfekt und erfreut sich seither großer Beliebtheit. Die ausgezeichneten Forchheimer Brauereien tun ihr Übriges. Das Bier ist so gut, dass in Forchheim die Legende vom Rathauspöpel – einem Kobold, der im Rathausturm lebt – entstand, der sich darum kümmert, lautstark-angetrunkene Heimkehrer pädagogisch wertvoll zu erschrecken und ihnen den Nachhauseweg zu weisen. In Forchheim ist für alles gesorgt.

Als Vorausblick auf die folgende Etappe ist ein Besuch der Pfarrkirche St. Nikolaus in **Pinzberg** interessant. Sie ist eine der vielen fränkischen Wehrkirchen und Kirchenburgen. Diese sind eine gesamteuropäische Erscheinung und dienten den Dörfern oft als einziger Schutz vor Angreifern. In Franken begann man mit der Befestigung der Kirchen und Friedhöfe um 1300. Zu dieser Zeit war die Macht des Kaisers geschwächt und die einzelnen Fürsten vergrößerten ihren Einflussbereich ohne Rücksicht auf Verluste. Die Kapelle zum Heiligen Nikolaus in Pinzberg wurde 1371 erstmals erwähnt. 1730 wurde sie unter Betreuung von Balthasar Neumann umgestaltet. Komplett erhalten ist die wertvolle Rokoko-Innenausstattung mit Hochaltar (St. Nikolaus in der Mitte, der Gründer von Bamberg, Kaiser Heinrich II., links und rechts seine Frau, die Heilige Kunigunde), dem Apostelaltar links (hier finden wir Jakobus mit der Hellebarde) und dem Vierzehn-Nothelfer-Altar rechts.

Traditionsbewusst zeigt sich **Effeltrich** bei der Brauchtumspflege. Insbesondere die Tracht hat es zu großer Bekanntheit gebracht. Zu bewundern ist diese bei den vielen lebendigen Bräuchen. Aber auch bei der sonntäglichen Messe tragen viele Effeltricher noch ihre Tracht, selbst werktags sieht man Frauen in Tracht auf den Straßen. Am Faschingssonntag findet das so genannte »Fosaleggen« statt, eine farbenfrohe und lautstarke Art, den Winter zu vertreiben. Jeden Ostermontag besuchen Hunderte Schaulustige Effeltrich, um beim Georgi-Ritt zu Ehren des Kirchenpatrons dabei zu sein. Der Pfarrer führt hoch zu Ross den Zug an und umreitet die Dorflinde. Aber auch weniger bekannte Bräuche haben sich erhalten: das Osterfeuer am Ostersamstag, die prachtvolle Fronleichnamsprozession, Kirchweih am Sonntag nach dem 13. Juli oder die »Wurzbüschelweihe« am 15. August jeden Jahres. Bei all dem präsentiert sich Effeltrich keineswegs rückständig, sondern als lebendiger, attraktiver Ort.

Öffnungszeiten/Adressen:
Pfalzmuseum, Kapellenstraße 16, 91301 Forchheim, Tel. 0 91 91/71 43 27, Mai–Okt: Di–So 10.00–12.30, 13.30–16.00 (reiche vorgeschichtl. Sammlung, Gemäldesammlung)
St.-Nikolaus-Kirche, Hauptstr. 4, 91361 Pinzberg, tägl. außerhalb der Gottesdienstzeiten
Einkehr (E):
»Bräustübl«, Hornschuchallee 32, 91301 Forchheim, Tel. 0 91 91/1 58 03, www.restaurant-braeustuebl.de, Di–Fr 12.00–14.00 und 17.30–23.00, Sa 17.30–23.00, So 12.00–15.00, Mo Ruhetag
»Zöllners Weinkeller«, Sigritzau 1, 90301 Forchheim, Tel. 0 91 91/1 38 86, Mi–So ab 18.30
»Roter Ochs«, Kirchplatz 3, 91301 Forchheim, Tel. 0 91 91/45 11, tägl. ab 17.30, So auch 11.30–14.00, Mo, Di Ruhetag
Übernachtung (Ü):
»Roter Ochs«, siehe Einkehr, Zimmer ab 25,00 € p.P.
»Gasthof Eger«, Hauptstraße 9, 91361 Pinzberg, Tel. 0 91 91/1 37 29, Zimmer ab 24,00 € p. P.
»Landgasthof Schrüfer«, Hauptstraße 27, 91361 Pinzberg, Tel. 0 91 91/7 09 70, Zimmer ab 30,00 € p. P.
»Gasthof Linde«, Neunkirchner Straße 5, 91090 Effeltrich, Tel. 0 91 33/26 39, Doppelzimmer ab 25,00 € p. P.
Verkehrsanbindung/Rückfahrt (V):
Effeltrich–Hallerndorf: Für einen Tagesausflug ist diese Etappe kaum geeignet, eine direkte Verbindung ist per Bus sehr umständlich und dauert über 2 Std.
Forchheim–Pinzberg: Die Regionalbahn Ebermannstadt–Forchheim hält auch in Pinzberg. Achtung: Der Bahnhof befindet sich im Tal
Effeltrich–Erlangen: mehrmals tägl. mit dem Bus erreichbar
Informationen:
Tourist Information, Rathaus, Hauptstraße 24, 91301 Forchheim, Tel. 0 91 91/71 43 38, www.forchheim.de, Mo–Fr 8.00–12.00, 14.00–17.00, im Sommer auch Sa 9.00–12.00
Gemeinde Effeltrich, Forchheimer Straße 1, 91090 Effeltrich, Tel. 0 91 33/7 79 20, www.effeltrich.de

5 Wie Perlen einer Kette
Pfarrkirchen zwischen Effeltrich und Kalchreuth

Effeltrich (E Ü V) – Hetzles (E V) – Neunkirchen a. B. (E Ü V) – Dormitz (E V) – Kreuzweiher (E) – Kalchreuth (E Ü V)

- ca. 16 1/2 km
- Eine Etappe, die anfangs landschaftlich weniger reizvoll ist, dafür aber eine Reihe typischer fränkischer Pfarrkirchen aufweist
- Reizvoll ist der Weg schließlich vor Kalchreuth durch den Sebalder Forst und durch die berühmten Kalchreuther Kirschgärten

Hier geht's lang

Unsere Etappe startet in **Effeltrich** an der »1 000-jährigen Tanzlinde«. Die Kirchenburg St. Georg und die Linde im Rücken passieren wir das Gasthaus »Zur guten Quelle« und erreichen eine kleine Verkehrsinsel mit Kruzifix. Hier führt geradeaus ein enger Fußweg zwischen den Häusern hindurch, dem wir folgen. An der T-Kreuzung halten wir uns rechts, ein blauer Ring begleitet uns als Wanderzeichen. Es geht nun, vorbei an der Baumschule »Schmidtlein«, hinaus aufs freie Feld. Der Weg bleibt auf der Höhe. An einer Weggabelung halten wir uns links. Dann erreichen wir **Hetzles** und durchqueren den Ort rechts haltend vorbei an historischen Fachwerkhäusern und der Pfarrkirche St. Laurentius.

Nach dem Ortsschild folgen wir dem parallel zur Landstraße verlaufenden Radweg etwa 150 Meter, ehe ein wenig romantischer Feldweg nach links über eine kleine Brücke bis ins landwirtschaftlich geprägte Baad führt. Hier geht es rechts haltend bis an die Landstraße, und wir folgen erneut parallel der Straße einem Radweg in Richtung **Neunkirchen am Brand**.

Beim Birkenhof biegen wir links in einen schmalen Pfad und folgen der Jakobsmuschel am Fußballplatz vorbei in die Ortsmitte zur imposanten Pfarrkirche St. Michael. Am Hinterausgang der Kriche weist uns die Markierung den Weg zur Weiherstraße und führt uns stadtauswärts. Über die Umgehungsstraße hinweg erreichen wir das freie Feld in Richtung **Dormitz**. Eine Brücke überspannt die Umgehungsstraße, dahinter sehen wir in der Ferne bereits das Tagesziel Kalchreuth liegen. An einem Kruzifix zweigt unser Weg nach rechts ab. An der Pfarrkirche »Zu unserer lieben Frau« in Dormitz halten wir uns links und an einer kleinen Verkehrsinsel biegen wir erneut links ab. Am Rathaus stößt ein grüner Punkt als Wandermarkierung zum Jakobsweg und führt uns aus Dormitz hinaus. Der grüne Punkt begleitet uns von nun an bis zu unserem Ziel Kalchreuth und später noch bis Buchenbühl. Hinter dem Sportplatz überqueren wir die Landstraße geradewegs und wandern in den nördlichsten Teil des Sebalder Forstes, der sich bis Nürnberg ausdehnt. Gemeinsam mit dem grünen Punkt biegen wir bei der ersten Abzweigung links ab und nach wenigen Metern erneut nach rechts. Knapp zwei Kilometer wandern wir so durch den Wald, ehe wir an ein Sträßchen kommen, dem wir ein Stück nach links folgen. Kurz darauf weist uns die Markierung wieder nach rechts in den Wald, wir erreichen den **Kreuzweiher** mit Einkehrmöglichkeit und Campingplatz. Noch ein kurzes Stück

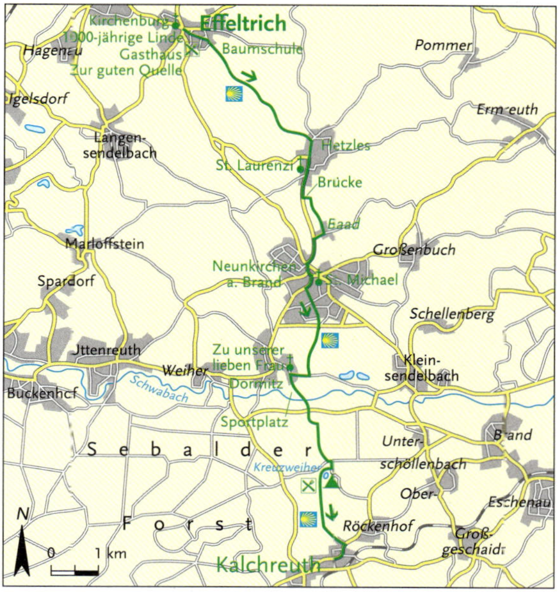

Straße, dann zweigt unser Weg etwas versteckt nach links in den Wald ab – ein Wegweiser weist **Kalchreuth** aus.

Gut ausgeschildert führt uns der Weg aus dem Wald heraus und wir erklimmen schließlich die Kalchreuther Höhe durch die Kirschgärten, die Kalchreuth zur Blütezeit bekannt gemacht haben.

Das gibt's zu sehen

Bereits auf dem Weg hinein nach **Effeltrich** sind uns die vielen Baumschulen und Obstbäume aufgefallen. Von ihnen hat Effeltrich seinen Namen. Erstmals im Jahr 1121 beurkundet als »Affeltere« – dem Ort mit vielen Apfelbäumen. Auf dem Dorfplatz treffen wir auf eine ehrwürdige Vertreterin der Vergangenheit. Die »1 000-jährige Tanzlinde« ist tatsächlich mindestens 800 Jahre alt – und wer wird bei einer solch rüstigen Dame nach dem genauen Alter fragen. Noch immer blühen im Frühjahr 90 Prozent aller Äste, das Laub spendet Schatten in einem Umkreis von 60 Metern.

Direkt gegenüber steht die Kirchenburg St. Georg. Erbaut zirka 1470–1490 als Reaktion auf die zweimalige Plünderung durch die Nürnberger (siehe Etappe 4 – Pinzberg). Effeltrich gehörte und gehört zum Bistum Bamberg. St. Georg wurde im gotischen Stil errichtet, im Laufe der Geschichte haben weitere

Die Kirchenburg St. Georg in Effeltrich

Der barocke Hochaltar in St. Georg

Baustile ihre Spuren hinterlassen. In der zweiten Hälfte des 18. Jahrhunderts wurde die Kirche barockisiert. Die drei Heiligen Laurentius, Georg und Sebastian bekamen ihren Platz über dem Außentor. Der barocke Hochaltar zeigt im Altarblatt den heiligen Georg im symbolischen Kampf mit dem Drachen, links von ihm die heilige Margareta, rechts die heilige Barbara. Die Kirchenburg Effeltrich zählt zu den imposantesten Anlagen dieses Architekturtyps in Deutschland.

Auch in **Hetzles** stand eine mit Effeltrich vergleichbare Kirchenburg. Ein Modell ist noch im Pfalzmuseum Forchheim (siehe Etappe 4) zu besichtigen. Im Jahre 1886 wurde die alte Kirche aber zu Gunsten eines Schulneubaus abgebrochen. Die Anlage – ein lang gezogenes Dreieck – lässt sich aber noch auf dem Hügel am Dorfrand erahnen. Trotz diesen Verlustes ist Hetzles ein schöner Ort, den viele historische Fachwerkhäuser prägen. Auch Hetzles zeigt an Fronleichnam und der Kirchweih noch die traditionelle Tracht.

Wir erreichen **Neunkirchen a. B.** und ein weiteres eindrucksvolles Zeugnis fränkischer Kirchenarchitektur. Das ehemalige Augustinerchorherrenstift, die heutige Pfarrkirche St. Michael, ist gotisch geprägt. 1314 wurde das Kloster gegründet, bereits in der zweiten Hälfte des 14. Jahrhunderts setzte rege Bautätigkeit ein. Der ehemalige Kreuzgangbereich ist heute wieder als Versammlungsort der Gemeinde nutzbar. Neunkirchen wurde wirtschaftliches, kulturelles und geistliches Zentrum der Umgebung. Die Nähe und günstige Anbindung an Erlangen führte in diesem Jahrhundert dazu, dass Neunkirchen heute von einem Neubaugürtel umschlossen ist. Der historische Kern mit den Stadttoren ist nichtsdestotrotz sehenswert.

Adressen und Öffnungszeiten:

Kirchenburg St. Georg, Zur Kirchenburg 3, 91090 Effeltrich, Tel. 0 91 33/8 24, tägl. außerhalb der Gottesdienstzeiten

St.-Michael-Kirche, Kirchplatz 4, 91077 Neunkirchen am Brand, Tel. 0 91 34/7 07 00, tägl. außerhalb der Gottesdienstzeiten

Einkehr (E):

»Schwarzer Adler«, Hauptstraße 12, 91077 Hetzles, Tel. 0 91 34/51 31, Mo–Do 9.00–14.00 und 16.00–1.00, Fr–So durchgehend, Di Ruhetag

»Gasthof zur Post«, Gräfenberger Straße 2, 91077 Neunkirchen, Tel. 0 91 34/99 58 07, Mo–Sa 11.00–14.00 und 17.30–24.00, So 11.00–22.00, Di Ruhetag, www.gasthof-post-neunkirchen.de

»Zum Grünen Baum«, Hauptstraße 13, 91077 Dormitz, Tel. 0 91 34/90 67 60, tägl. ab 11.00, Mo Ruhetag

»Gaststätte am Kreuzweiher«, Kreuzweiher 1, 90562 Kalchreuth, Tel. 09 11/5 18 77 65, tägl. ab 11.00, Mi Ruhetag

»Zum Schloss«, Schloßplatz 4, 90562 Kalchreuth, Tel. 09 11/5 18 09 44, tägl. 11.00–23.00, Di und Mi Ruhetag

Übernachtung (Ü):

»Gasthof zur Post«, siehe Einkehr, Zimmer ab 48,00 € p. P.

»Landgasthof Meisel«, Dorfplatz 1, 90562 Kalchreuth, Tel. 09 11/5 62 69 56, Zimmer ab 26,00 € p. P., www.landgasthof-meisel.de

»Zum Roten Ochsen«, Weißgasse 10–12, 90562 Kalchreuth, Tel. 09 11/5 18 09 17, Zimmer ab 47,00 € p. P., www.roter-ochse-kalchreuth.de

Verkehrsanbindung/Rückfahrt (V):

Kalchreuth–Nürnberg: direkter Anschluss mit der Regionalbahn

Kalchreuth–Effeltrich: mit Regionalbahn über Eschenau bzw. Nürnberg und dann mit dem Bus, sehr umständlich, dauert etwa 2 Std.

Hetzles, Neunkirchen und Dormitz sind mit regelmäßigen Busverbindungen an den Verkehrsverbund Nürnberg und nach Forchheim angeschlossen.

Informationen:

Gemeinde Hetzles, Rathaus, Hauptstraße 3, 91077 Hetzles, Tel. 0 91 34/2 63, www.hetzles.de

Markt Neunkirchen am Brand, Klosterhof 2–4, 91077 Neunkirchen am Brand, Tel. 0 91 34/70 50, www.neunkirchen-am-brand.de

Gemeinde Kalchreuth, Schulstraße 9, 90562 Kalchreuth, Tel. 09 11/5 18 34 40, www.kalchreuth.de

6 Durch den Sebalder Forst
Von Kalchreuth nach Nürnberg

Kalchreuth (E Ü V) – Stettenberg – Buchenbühl (V) – Ziegelstein (V) – Nürnberg St. Jakob (E Ü V)

- ca. 18 1/2 km
- Eine erst waldige, dann urbane Etappe, die dem Wanderer die Möglichkeit gibt, sich bereits auf dem Weg einige Sehenswürdigkeiten Nürnbergs anzusehen. Der Weg umgeht relativ geschickt allzu große Abschnitte durch unschöne Vorstadtgebiete und nutzt die Nürnberger Parkanlagen, um den naturliebenden Wanderer nicht über die Maßen zu strapazieren
- Sowohl von Kalchreuth aus als auch in Buchenbühl (nach 9 km) kann man mit guter Verkehrsanbindung sehr einfach abkürzen, ab Ziegelstein (nach 10 km) verkehrt dann sogar die U-Bahn ins Stadtzentrum
- Zwischen Kalchreuth und dem Nürnberger Stadtrand gibt es keine Einkehrmöglichkeiten mehr

Hier geht's lang

Bei der Kalchreuther Kirche St. Andreas folgt der Jakobsweg – wie schon bei der vorherigen Etappe – der Wandermarkierung mit dem grünen Punkt. Direkt gegenüber der Kirche führt ein schmaler Pfad zwischen den Häusern hindurch aufs freie Feld. Rechts haltend passieren wir zunächst noch einmal kurz ein Wohngebiet, dann verlässt der Jakobsweg Kalchreuth endgültig. Bald schon öffnet sich der Blick und wir sehen Nürnberg mit Burg und Fernsehturm im Tal liegen.

Nach bereits 100 Metern zweigt ein Sträßchen nach links ab, dem wir folgen. Noch ein weiterer eindrucksvoller Blick auf unser Tagesziel öffnet sich, wenn das Sträßchen nach links abknickt. Wenig später führt ein kleiner Waldpfad rechts hinab in den Kalchreuther Forst. Dieser ist Teil eines ausgedehnten

Waldgebietes, das sich nördlich der Stadt Nürnberg von Erlangen bis Lauf a. d. Pegnitz ausdehnt und sich einst im Besitz des Kaisers befand. Heute ist der Sebalder Forst ebenso wie der Lorenzer Forst beliebtes Naherholungsgebiet der Bewohner des Städtedreiecks Nürnberg/Fürth/Erlangen.

Unser Waldpfad trifft bald auf einen Kiesweg und hält mit diesem die Richtung, auch wenn uns der Kiesweg kurz darauf wieder nach rechts verlässt. Wir wandern geradeaus weiter. An einer Gabelung wählen wir den linken Pfad. Auf einer Lichtung lassen wir links die wenigen, kaum sichtbaren Häuser von **Stettenberg** liegen, wenden uns kurz nach rechts und nach etwa 100 Metern wieder nach links, um erneut in den Wald einzutauchen.

Etwa 50 Meter bevor wir eine geteerte Straße erreichen, zweigt der Weg nach rechts ab und verläuft dann wenige Meter parallel zur Landstraße im Wald. Schließlich überqueren wir die Straße und wenig später auch die Gleise der »Gräfenbergbahn«, die Nürnberg mit den nördlich liegenden Gemeinden verbindet. Der Weg verlässt den Wald wenige Meter vor **Buchenbühl,** das Anfang des 20. Jahrhunderts als typische

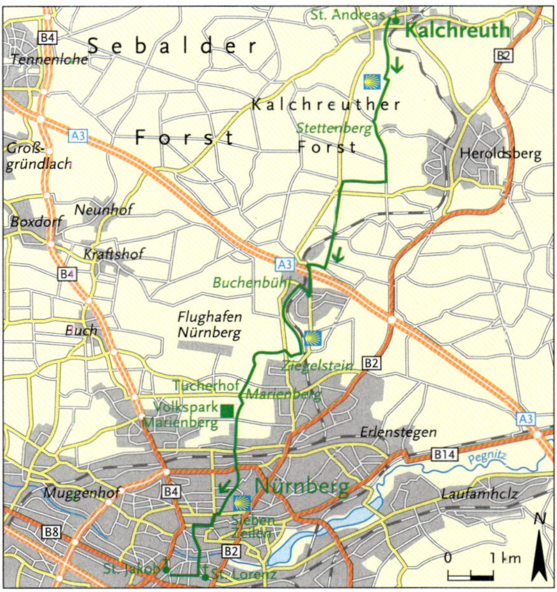

Arbeitersiedlung entstand. Wir wandern nach links, unter der Autobahn hindurch, halten uns nach der Unterführung halbrechts und gehen in den Wald, den wir direkt an der Kirche wieder verlassen. Zwischen Kirche und Löschweiher nehmen wir die Baiersdorfer Straße und verlassen Buchenbühl schließlich entlang der Gleise. Nach kurzer Zeit stoßen wir auf das ausgedehnte Gelände des Nürnberger Flughafens. Rechts sieht man den Tower, wir umwandern die Landebahnen immer parallel zu den Gleisen der »Gräfenbergbahn«.

Der Nürnberger Ortsteil **Ziegelstein** ist unser nächstes Ziel. Noch bemerkt man trotz Flughafen und Gleisanlagen nicht, dass man bereits im Stadtgebiet wandert. Wir überqueren eine Straße, der Löschweg führt uns geradeaus weiter, entlang einiger Schrebergärten. An einer T-Kreuzung wenden wir uns nach links, kurz wieder Richtung Ziegelstein, wenig später aber verlässt uns der Weg wieder und wir halten geradeaus auf die deutlich sichtbare Rückseite der riesigen Leinwand des jetzt stillgelegten Autokinos zu. Rechts an dieser Leinwand vorbei geht es auf Asphalt weiter, bis wir am Tucherhof die Flughafenstraße erreichen. Wir überqueren diese, wenden uns nur wenige Meter nach rechts, um gleich darauf nach links in den »Volkspark Marienberg« einzubiegen. Vor dem 2. Weltkrieg befand sich hier der erste Flughafen Nürnbergs. Jetzt ist der Marienpark beliebtes Ausflugsziel der Nürnberger, sei es für

Bequeme Waldpfade durch den Sebalder Forst

Fränkisches Landleben

einen gemütlichen Abend am mitgebrachten Grill oder zur körperlichen Ertüchtigung.

Wir wählen die erste Abzweigung nach links und folgen diesem Weg konsequent geradeaus. Unter der bewachsenen Erhebung, die sich etwas später auftürmt, befinden sich die im 2. Weltkrieg zerstörten Reste der Nürnberger Altstadt. Unser Weg mündet schließlich in die Braillestraße, später in die Äußere Schopenhauer Straße und von nun an wird die Wanderung zu einem Stadtspaziergang. Den vierspurigen Nordring überqueren wir an der Ampelanlage und gehen direkt gegenüber in die Schopenhauer Straße. Schließlich gelangen wir an die alte Stadtmauer von **Nürnberg,** die uns rechtshaltend bis zur Kaiserburg führt und durch sie hindurch. Bergab gelangen wir vorbei an St. Sebald auf den Hauptmarkt, passieren das Heilig-Geist-Spital, die Museumsbrücke und St. Lorenz. Hier biegen wir nach rechts in die Karolinenstraße ein, die uns zum Jakobsmarkt und zum Etappenziel St. Jakob führt.

Das gibt's zu sehen

Das Dörfchen **Kalchreuth** nördlich von Nürnberg ist seit jeher ein traditionelles Ausflugsziel der Großstädter. Die blühenden Kirschgärten ziehen im Frühjahr Hunderte von Schaulustigen an, im Sommer und im Herbst locken Spaziergänge und

Radtouren durch den ausgedehnten Sebalder Forst. Die Lage auf der Kalchreuther Höhe verhilft zu wunderbaren Ausblicken in alle Richtungen.

Es wundert nicht, dass Kalchreuth für seine Größe eine ungewöhnlich hohe Zahl Gastwirtschaften hat. Die Ausflügler wollen versorgt sein. Dennoch hat auch das einen historischen Hintergrund. Bis 1465 war die Familie Haller einziger Grundherr in Kalchreuth. Im Laufe der nächsten 50 Jahre wurden aber verschiedene Güter an insgesamt vier Grundherren verkauft. Diese Umstände führten dazu, dass es zeitweise vier Dorfmeister gab und mindestens ebenso viele Wirtshäuser, Bäckereien und Schmieden. Das Schloss – etwas zurückversetzt in der Mitte des Ortes neben der Kirche – geht aber auf die Patrizierfamilie Haller zurück. Dürer war hier zu Gast, von einem Fenster aus malte er um 1500 zwei seiner Ansichten des Städtchens und seiner Umgebung, die Kalchreuth bekannt machen sollten.

Die St.-Andreas-Kirche von Kalchreuth ist ein spätgotischer Bau. Der Chor der Kirche ist ebenfalls eine Stiftung der Familie Haller. Der Hauptaltar stammt übrigens aus der Werkstatt Wohlgemuts, des Lehrherrn Albrecht Dürers. Auf der linken Seite über dem Chorgestühl findet sich ein wertvolles Detail: eine Anordnung von Figuren, die Christus mit den zwölf Aposteln darstellt. Entstanden sind die so genannten Tonapostel vermutlich um 1400 in Nürnberg, die Herkunft ist jedoch nicht völlig geklärt. Einig ist man sich aber über ihren Wert – die Tonapostel sind die einzig vollständig erhaltene Gruppe ihrer Art.

Nürnberg, »nourenberc« (felsiger Berg) – 1050 begann die Geschichte der Stadt, die sich zunächst nur auf die Umgebung des Burgberges erstreckte. Handel und Handwerk führten bald zur Blüte und machten Nürnberg zu einer Weltstadt des Mittelalters. Karl IV. bestimmte, dass jeder neu gewählte deutsche König seinen ersten Reichstag in Nürnberg abhalten solle. Nürnberg entwickelte sich zu einem europäischen Zentrum von Kunst, Wissenschaft und Humanismus. Mit dem Dreißigjährigen Krieg schwand der Einfluss Nürnbergs. Schlagzeilen machte die Stadt dann aber wieder, als die erste deutsche Eisenbahn 1835 von Nürnberg nach Fürth fuhr. Im Januar 1945 versank des »Deutschen Reiches Schatzkästlein«, die Stadt der Reichsparteitage, in Schutt und Asche.

Höhepunkte eines Spaziergangs durch die »Freie Reichsstadt Nürnberg« ist natürlich die Kaiserburg, die Stadtkirchen

St. Sebald und St. Lorenz, der Hauptmarkt mit dem Schönen Brunnen und der Frauenkirche, das Dürerhaus oder eines der zahlreichen Museen. Aber auch abseits der Attraktionen lässt sich vielerlei entdecken. Wer Zeit hat, dem sei ein Stadtrundgang mit dem Verein »Geschichte für alle e. V.« empfohlen. Die Rundgänge für den schnellen Überblick sind ebenso interessant wie die vielen detailreichen Spaziergänge zu Themenschwerpunkten.

Adressen und Öffnungszeiten:

St.-Andreas-Kirche, Dorfplatz 6, 90562 Kalchreuth, Tel. 09 11/5 18 09 29, tägl. außerhalb der Gottesdienstzeiten (Führungen Palmsonntag und Kirchweihsonntag ab 14.30 oder nach Anmeldung)

Geschichte für alle e. V., Wiesentalstraße 32, 90419 Nürnberg, Tel. 09 11/30 73 60, Infoline 09 11/3 07 36 20

Einkehr (E):

»Bratwurst Röslein«, Rathausplatz 6, 90403 Nürnberg, Tel. 09 11/21 48 60, tägl. 10.00–23.00 (preiswerte fränkische Spezialitäten in der Altstadt)

»Bratwursthäusle«, Rathausplatz 1, 90403 Nürnberg, Tel. 09 11/22 76 95, tägl. 10.00–22.30, So Ruhetag (Hauptquartier der berühmten Nürnberger Bratwurst)

»Restauration Kopernikus«, Hintere Insel Schütt 34, 90403 Nürnberg, Tel. 09 11/2 42 77 40, Mo–Sa 17.00–0.00, So, Fei 12.00–0.00 (Geheimtipp: Neben den fränkischen und polnischen Spezialitäten sind besonders der Biergarten und der Wehrgang über der Pegnitz im Sommer ein Erlebnis)

Übernachtung (Ü):

Jugendherberge Nürnberg, Burg 2, 90403 Nürnberg, 09 11/2 30 93 60 (in den ehemaligen Stallungen der Kaiserburg beheimatet)

Verkehrsanbindung/Rückfahrt (V):

Nürnberg–Kalchreuth: mit der Regionalbahn

Buchenbühl–Nürnberg: Mo–Fr per Bus

Ziegelstein gehört bereits zum Netz der U-Bahn

Informationen:

Tourist Information Nürnberg gegenüber Hauptbahnhof, Königstraße 93, Tel. 09 11/2 33 61 32, Mo–Sa 9.00–19.00, www.nuernberg.de

Von Nürnberg nach Rothenburg o. d. Tauber

7 Raus aus der Stadt, hinaus aufs Land
Von Stein/Deutenbach nach Roßtal

(Nürnberg –) Stein/Deutenbach (E Ü V) – Oberweihersbuch (E) – Unterbüchlein (E) – Weitersdorf (E) – Roßtal (E Ü V)

- ca. 12 km
- Kurze, flache Etappe, auch für Ungeübte und Kinder gut geeignet
- Ein idyllischer Grund, verschlafene Dörfer und schöne Kirchen

Hier geht's lang

Um nicht an stark befahrenen Ausfallstraßen entlang aus Nürnberg hinauslaufen zu müssen, beginnen wir unsere Jakobswegwanderung in **Stein/Deutenbach**. Mit der U 2 fahren wir bis zur Endhaltestelle Nürnberg/Röthenbach und von dort weiter mit dem Bus Nr. 63 zum Ausgangspunkt an der Haltestelle Deutenbach/Mitte. Die dort aufgestellte Jakobswegtafel ist nicht zu übersehen und an den umstehenden Laternenmasten entdecken wir sogleich die für den gesamten Jakobsweg gültige Markierung, die weiße Jakobsmuschel auf blauem Grund.

Wir folgen der Regelsbacher Straße ortsauswärts und biegen kurz vor dem »Gasthof Simon« rechts in den Hofwiesenweg ein. Vorbei am »Löselhof« mit seinem Glockentürmchen auf dem Dach – hier soll einstmals ein kleine Jakobuskapelle gestanden haben – folgen wir der Markierung über die Felder und unter Hochspannungsleitungen hindurch, bis wir die B 14 vor uns sehen. Wir unterqueren sie durch einen kleinen, leicht nach links versetzten Tunnel, gehen links um den Friedhof herum, folgen dann dem Pfarrweg ein Stück bergab und biegen direkt hinter dem Pflegeheim Knollinger links in den Fußweg zur etwas versteckten Jakobuskirche von **Stein/Oberweihersbuch** ein. Vom lauschigen Kirchvorplatz führen einige Stufen hinunter zur Stuttgarter Straße, auf der wir zur Linken schon das Gasthaus »Zur Linde« erkennen. Kurz vor dem Gasthaus führt uns der Weg rechts auf der Locher Straße über die kleine Brücke auf die andere Talseite. Wir durchwandern das Neubaugebiet und biegen am Ortsausgang rechts in einen immer parallel zur Straße verlaufenden Waldpfad ein. (Hier empfehlen sich lange Hosen und Ärmel gegen die meterhohen Brennnesseln!) Schließlich queren wir die Straße bei einem Stromhäuschen – rechts erblickt man die Ortschaft Loch – und gehen über einen Holzsteg und eine Wiese weiter im Locher Grund talaufwärts. So gelangen wir nach **Unterbüchlein**. Direkt hinter der Gaststätte »Zum grünen Tal« führt uns der Weg erst links, dann rechts am Waldrand entlang. Wenn wir den Ortsrand von Oberbüchlein passieren, müssen wir Obacht geben auf die Markierungen, denn wir verlassen kurz hinter den letzten Häusern den breiten Weg nach rechts und folgen einem schmaleren Pfad. Direkt vor dem Ortseingang von Sichersdorf zweigt der Weg nach links ab und führt zwischen Mais- und Tabakfeldern ins nächste Waldstück hinüber. Wieder im Freien laufen wir direkt auf **Weitersdorf** zu. Wir überqueren die

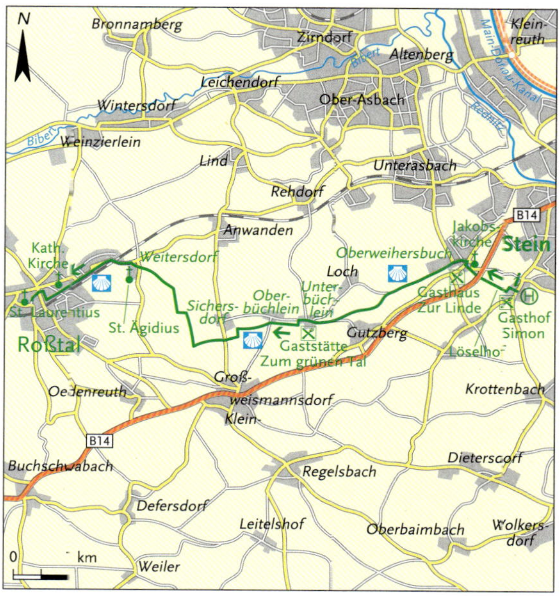

Kastenreuther Straße und folgen geradeaus der Kirchgasse zur kleinen St.-Ägidius-Kirche. Von der Kirche die Treppen hinab zur Hauptstraße, dann links der Autostraße nach in Richtung Roßtal. Nun ist etwas Vorsicht geboten, denn stellenweise gibt es keinen Gehsteig. Kurz nach einer Unterführung und der anschließenden Linkskurve geht es dann aber links ab auf einem schmalen Fußweg bis zum Roßtaler Bahnhof. Von dort folgen wir der Straße noch ein Stück geradeaus und biegen dann links in die Ulmenstraße ab. Halb links weiter über einen kleinen Fußweg zur Mühlgasse, auf der wir rechts bergab, vorbei an der katholischen Kirche, und dann – kurz vor der Einmündung in die Landstraße – halb links weitergehen. An ihrem Ende überqueren wir eine etwas größere Straße und biegen halb links in die Richtergasse ein. Nach wenigen Metern schickt uns das Muschelzeichen dann rechts auf einem kopfsteingepflasterten Weg steil den Schlossberg hinauf. Wir landen direkt am Rathaus auf dem hübschen Marktplatz von **Roßtal**.

Das gibt's zu sehen

Mit der B 14 lassen wir auch den Lärm und die Hektik der Großstadt hinter uns. Die schlichte, kleine Jakobskirche in

Der Roßtaler Marktplatz mit seinen Fachwerkhäusern und dem Turm der St.-Laurentius-Kirche

Durch schier unberührte Natur nahe Unterbüchlein

Oberweihersbuch, an der wir zu Beginn unserer Wanderung vorbeikommen, lädt dazu ein, einen Moment innezuhalten. Ob nun im Schatten der Bäume auf dem hübschen Platz vor oder im Inneren der 1928 erbauten Kirche, hier ist ein guter Ort, um sich vollends auf die bevorstehende Wanderung einzustimmen. Im schön gestalteten Glasfenster entdecken wir dann auch links den Schutzheiligen der Pilger und Wanderer, zugleich Namenspatron des Kirchleins, den Hl. Jakobus, mit seinem muschelverzierten Pilgerhut.

»Sein« Weg führt uns von hier aus durch den idyllischen Locher Grund vorbei an den Ortschaften Loch und Gutzberg, am mäandernden Bächlein entlang, durch Wald und Wiesen ins verschlafene Unterbüchlein mit seinen schönen Fachwerkhäusern und Hofeinfahrten und weiter nach **Weitersdorf**. Um dort im Kirchlein St. Ägidius die sorgfältig freigelegten gemalten Kreuze aus dem 14. Jahrhundert an der Nordseite des schlichten Innenraums bewundern zu können, muss man sich allerdings zuerst den Kirchenschlüssel bei Familie Lauchs organisieren: die Treppe zur Hauptstraße hinab, zirka 100 Meter nach rechts und dann links ein Treppchen hinauf.

Jetzt ist es nicht mehr weit bis nach **Roßtal**. Der Weg führt uns direkt ins Zentrum des Städtchens – auf den Marktplatz mit seinen hübschen Fachwerkhäusern. Durch ein kleines Tor betritt man von hier den alten Friedhof mit der Kirche St. Laurentius, deren hoher, weithin sichtbarer Turm das Ortsbild prägt. Schon im 11. Jahrhundert entstand hier eine erste frühromanische Kirchenanlage. Seither hat die Kirche vielfache Um- und Anbauten erfahren, nur die Krypta überdauerte die Jahrhunderte unbeschadet – sie gilt als eines der ältesten erhaltenen Bauwerke Frankens. Der gut ausgewiesene und übersichtlich aufbereitete archäologische Rundweg durch Roßtal bietet ergänzende Informationen.

Adressen und Öffnungszeiten:

St.-Jakobus-Kirche, Pfarrweg 18, Stein/Oberweihersbuch, Tel. 09 11/68 40 46, tägl. außerhalb der Gottesdienstzeiten

St.-Ägidius-Kirche, Weitersdorf, Schlüssel erhältlich bei Familie Lauchs, Weitersdorfer Hauptstraße 47, Tel. 0 91 27/5 72 51

St.-Laurentius-Kirche, Schulstraße 15, 90574 Roßtal, tägl.

Museumshof Roßtal, Schulstraße 13, 90574 Roßtal, Tel. 0 91 27/86 91 (Führungen jeden 1. Sonntag im Monat, Palm-, Kirchweih-, und Martinisonntag 14.00–17.00)

Einkehr (E):

»Gasthof Simon«, Regelsbacher Straße 52, 90547 Stein/Deutenbach, Tel. 09 11/67 68 66, Di–Sa 9.00–23.00, So 9.00–21.00, Mo Ruhetag (schöner Biergarten)

»Zur Linde«, Stuttgarter Straße 8 (Ecke Locher Straße), 90547 Stein/Oberweihersbuch, Tel. 09 11/67 24 86, Mi Ruhetag, tägl. ab ca. 10.30, Küche ab 11.00, abends ab 16.30 (Mai–Sep: Mo ab 16.00, Di und Mi Ruhetag, Ferien: Aug)

»Zum Grünen Tal«, Unterbüchlein 15, 90547 Stein/Unterbüchlein, Tel. 0 91 27/65 59, tägl. 10.00–22.00 Uhr, Okt–Apr Mi Ruhetag (griechische und deutsche Küche, Biergarten)

»Weißes Lamm«, Marktplatz 6, 90574 Roßtal, Tel. 0 91 27/5 75 85, tägl. 9.00–14.00 und 16.00–0.00 (historische Uhr mit Spiel von 1820 im Gastraum)

Übernachtung (Ü):

»Weißes Lamm«, siehe Einkehr, Zimmer ab 20,00 € p. P.

»Kappellenhof«, Fürther Straße 10, 90574 Roßtal, Tel. 0 91 27/5 75 14, Zimmer ab 25,00 € p. P.

Verkehrsanbindung/Rückfahrt (V):

Nürnberg (Hbf)–Stein/Deutenbach: gute Anbindung mit der U 2 bis Nürnberg/Röthenbach und von dort mit dem Bus Nr. 63 nach Deutenbach/Mitte, www.vgn.de

Roßtal–Nürnberg (Hbf): gute Bahnverbindung mit der R 7, halbstündlich, www.vgn.de

Informationen:

Tourismusverband »Romantisches Franken«, Tel. 0 98 03/ 9 41 41, www.romantisches-franken.de

Stadt Stein, Hauptstraße 56, 90547 Stein, Tel. 09 11/6 80 10, www.stadt-stein.de

Evang.-luth. Pfarramt Stein, Pfarrweg 18, 90547 Stein/ Oberweihersbuch, Tel. 09 11/68 40 46, www.jakobus-online.de

Rathaus Roßtal, Marktplatz 1, 90574 Roßtal, Tel. 0 91 27/ 90 10-0, www.rosstal.de

8 Wo die Hasen sonnenbaden

Von Roßtal in die Münsterstadt Heilsbronn

Roßtal (E Ü V) – Buttendorf – Fernabrünst (E) – Wendsdorf (E) – Bürglein (E Ü) – Böllingsdorf – Heilsbronn (E Ü V)

- ca. 16 km
- Landschaftlich reizvolle, aber etwas anspruchsvollere Tour mit einigen Anstiegen und weiten Passagen über freies Feld (Sonnenschutz nicht vergessen!)
- Malerische Weiher, mäandernde Bächlein und ein ehemaliges Kloster

Hier geht's lang

Vom Roßtaler Marktplatz müssen wir ein kurzes Stück zurück, den Schlossberg hinunter, dann links bis zum Kreisverkehr. Dort biegen wir links ab in die Pelzleinstraße. Schräg gegenüber dem Abzweig nach Raitersaich verlassen wir, weil wir den Abstecher zum Buttendorfer Kirchlein machen wollen, den Jakobsweg und folgen der Markierung mit dem schrägen blauen Kreuz rechts in einen steil ansteigenden schmalen Fußweg. Oben angekommen gehen wir links und gleich wieder rechts. Der Weg führt uns immer geradeaus über Felder und Wiesen und gibt einen herrlichen Blick frei auf das vor uns liegende Biberttal. Unmittelbar vor dem Ortseingang von Stöckach – an einem Gerätehaus mit kleinem Rastplatz – biegen wir links ab in den »Rundweg 2«. An den nächsten beiden Weggabelungen halten wir uns rechts. Der Weg führt uns zu einem schön gelegenen Weiher, dann in leichtem Linksbogen weiter zu einem zweiten. Von seinem Ufer lotst uns die Rundweg-Markierung über einen Wiesenweg in den Wald. Wir passieren eine Lichtung, auf der mehrere Hasen ein Sonnenbad nehmen, und treten wenig später wieder auf freies Feld. Von hier führt uns unser Weg im Rechts-Linksbogen hinunter nach **Buttendorf**, über die Umge-

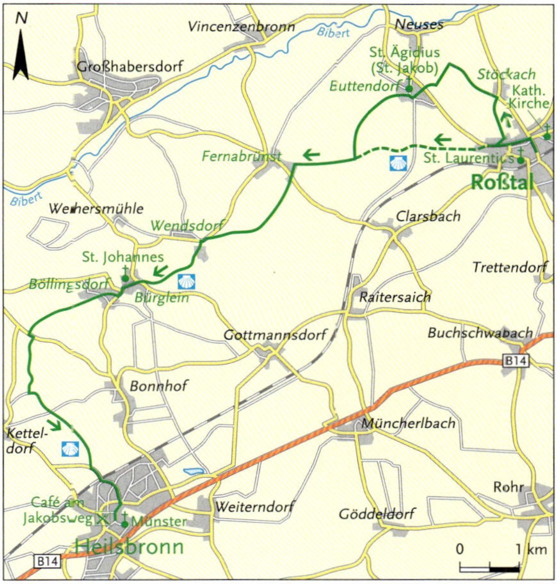

hungsstraße geradeaus auf der Rehbühlstraße in den Ort hinein. Dann rechts auf der Hügelstraße, an der kleinen Kirche St. Ägidius/St. Jakob vorbei bis zum Ortsende, dort auf dem linken Schotterweg weiter bis zu einer Dreier-Gabelung. Hier wählen wir den mittleren Weg, der langsam ansteigend auf den Wald zu führt. Kurz nach Waldeintritt treffen wir auf eine Kreuzung, an der wir nun den »Rundweg 2« verlassen und nach rechts abbiegen – der Jakobsweg hat uns wieder! Wenig später führt er uns über ein weites Feld geradewegs nach **Fernabrünst**. Wir passieren die ersten Häuser und biegen dann mit dem Muschelzeichen links ab in die Straße Am Röthlein, die uns hinunter auf die Hauptstraße bringt. Auf der anderen Straßenseite folgen wir der Markierung geradeaus in den Schleifweg. Nach etwa 800 Metern zweigt der Jakobsweg recht ab in einen Grasweg, der uns durch ein Waldstück, an einigen Fischweihern vorbei, ins malerisch gelegene **Wendsdorf** hinabführt. Wir laufen nach links ins Dorf hinein, biegen an der Dorflinde nach rechts ab und gehen am Gasthaus vorbei den Berg hinauf. An der zweiten Gabelung rechts halten wir uns an einen Schotterweg, auf dem wir schließlich auf eine Ebene hinaufsteigen. Wir

Über Felder und Wiesen auf Stöckach zu

folgen der Markierung über die Felder, müssen, weil uns ein Acker den direkten Weg versperrt, kurz links und gleich wieder scharf rechts, um in alter Richtung weiter auf den Waldrand zuzugehen. Dort biegen wir links in einen Hohlweg ein, der uns durch den Waldgürtel hinunter nach **Bürglein** bringt. An der St.-Johannes-Kirche vorbei gehen wir auf der Großhabersdorfer Straße in Richtung (des unmittelbar angrenzenden) **Böllingsdorf**. Kurz vor dem Ortseingang biegen wir nach rechts in die Straße Am Kettelbach ein, halten uns am Weiher kurz links, um dann rechts auf einem Weg am anderen Bachufer entlang weiterzulaufen. Wir durchwandern den idyllischen Kettelbachgrund: Nach einiger Zeit stoßen wir auf eine kleine Straße, der wir kurz links folgen, biegen dann aber wieder rechts in einen schmalen Waldweg ab. Wir verlassen den Wald, etwas später stößt der Weg mit der Grünstrich-Markierung zu uns. Unmittelbar danach biegen wir links ab und laufen mehrere Kilometer zwischen Waldsaum und Wiesen weiter, kreuzen zwischenzeitlich ein Quersträßchen und gelangen endlich zu einer größeren Autostraße, der wir nach links folgen, geradewegs auf die ersten Häuser von **Heilsbronn** zu. Am Ortseingang überqueren wir die Bahngleise und laufen über die Caspar-Othmayr-Straße links in die Bahnhofsstraße, dann weiter bergab den Postberg hinunter bis zum Marktplatz.

Das gibt's zu sehen

Diese Etappe besticht durch weitgehend unberührte Natur, einen schönen Weg, der auf und ab, über Felder und Wiesen, durch Wäldchen und Täler führt, vorbei an malerischen Weihern und idyllisch gelegenen Dörfern. Schon deshalb – und nicht nur, weil wir das dortige Kirchlein sehen wollen – lohnt sich der »Umweg« über Buttendorf. Die freigelegten Reste gotischer Wandmalereien sind freilich auch sehenswert.

Neben der »Markgrafenkirche«, die St. Johannes dem Täufer gewidmet ist, und der »Friedenseiche« hat Bürglein mit einer kulinarischen Besonderheit aufzuwarten: dem Bürgleiner Räucherfisch. Unser Weg führt uns direkt an den Fischaufzuchtsbecken und am Verkauf vorbei.

Später, nach langer Wanderung durch den malerischen Ketelbachgrund stürzen wir uns ins »Getümmel« der Münsterstadt **Heilsbronn**. Auf dem Marktplatz bekommt man im »Café am Jakobsweg«, wie die Bäckerei Held seit ihrem Umzug auf diese Seite des Platzes heißt, leckere hausgemachte Heilsbronner »Libeti«-Lebkuchen, deren Rezept älter sein soll als das der Nürnberger. Schade, dass es keine so wunderbar mit Brot backenden Mönchen dekorierten Schaufenster mehr gibt wie

Ein schönes Fleckchen zum Rasten und (Sonnen-)Baden

in der alten Filiale. Das nach historischem Klosterrezept gebackene »Pilgerbrot« – im Laib oder als Vesper mit »Pelegrinus-Wurst« – wird aber auch in der neuen verkauft. Gestärkt gehen wir die paar Schritte am alten Refektorium vorbei hinüber zum Münster. Unmöglich, hier auf alles Sehenswerte einzugehen. Darum sei auf die im Münster erhältliche Broschüre von Pfarrer Paul Geißendörfer verwiesen und hier nur ein paar wenige »Highlights« erwähnt: die »durchbrochene« Predella des gotischen Hochaltars, in der man die Grablegung Christi von vorne und von hinten betrachten kann, die mittelalterliche so genannte »Judensau« am Sockel einer Figur an einer Säule im Mortuarium und der schöne Hl. Jakobus in der Heideckerkapelle.

Adressen und Öffnungszeiten:

St.-Ägidius-Kirche (St. Jakob), Buttendorf, Apr–Okt: tägl., ansonsten Schlüssel zur Kirche erhältlich bei Herrn Walter, Kirchenweg 1, 90574 Roßtal/Buttendorf, Tel. 0 91 27/57 96 60, oder bei Familie Schmidt-Meier, Lindenstraße 18, Tel. 0 91 27/5 76 11

Kirche St. Johannes der Täufer, Bürglein, Schlüssel zur Kirche erhältlich im Pfarramt, Kirchweg 7, 91560 Heilsbronn/Bürglein, Tel. 0 98 72/75 04

Heilsbronner Münster (Pfarrkirche St. Marien und Jakobus), Apr–Okt: tägl 9.00–12.00 und 13.30–17.30, Nov, Dez, März: Mi–Mo 9.00–12.00 und 13.30–17.30, Führungen (ab 10 Personen): Ostern–Okt: So 13.30

Einkehr (E):

»Zur Linde« (Lindenhof), Fernabrünster Hauptstraße 5, 90613 Großhabersdorf/Fernabrünst, Tel. 0 91 05/3 53, tägl. ab 10.00, Mi Ruhetag, www.lindenhof-fernabruenst.de, (Biergarten, eigene Metzgerei, nette Wirtsleute)

»Gaststätte Oheimer«, direkt an der Dorflinde, 90613 Großhabersdorf/Wendsdorf, nur Mi, Sa, So ab 17.00

»Weißes Roß«, Großhabersdorfer Straße 25, 91560 Heilsbronn/Bürglein, Tel. 0 98 72/89 67, Di, Mi, Fr ab 17.00 und nach Vereinbarung (in jedem Fall anrufen, evtl. auch Übernachtung möglich!)

»Café am Jakobsweg«, Bäckerei Held, Marktplatz 3, 91560 Heilsbronn, Tel. 0 98 72/29 68, Mo–Fr 6.30–18.00,

Sa 6.30–13.00, So 8.00–18.00 (hausgemachte Lebkuchen, »Pilgerbrot«)
»Zum Adler«, Kammereckerplatz 3, 91560 Heilsbronn, Tel. 0 98 72/12 65, Fr–Di 10.00–23.00 (Karpfen und Forellen aus eigener Zucht, Biergarten)
»Klosterhof«, Marktplatz 17, 91560 Heilsbronn, Tel. 0 98 72/12 26, Di–Sa 11.00–14.00, Mi–Sa auch 17.00–23.00, So ab 11.00 durchgehend, Mo Ruhetag, www.restaurant-klosterhof.de (schöner Biergarten hinter dem ehem. Refektorium, Spielplatz, »Klostergerichte«)

Übernachtung (Ü):
»Weißes Roß«, siehe Einkehr, Zimmer ab 15,00 € p. P.
Familie Wörlein, Zum Holzberg 13, 91560 Heilsbronn/Böllingsdorf, Tel. 0 98 72/77 80, Zimmer ab 20,00 € p. P., http://de.geocities.com/mugwoerlein
»Goldner Stern«, Ansbacher Straße 3, 91560 Heilsbronn, Tel. 0 98 72/12 62, Zimmer ab 20,00 € p. P., www.goldener-stern-heilsbronn.de, (Biergarten, Terrasse, beheiztes Schwimmbad)
»Klosterhof«, siehe Einkehr, Zimmer ab 24,00 € p. P.
Buchhandlung Gisela Lowig, Abteigasse 3, 91560 Heilsbronn, Tel. 0 98 72/3 96, Zimmer ab 20,00 € p.P.

Verkehrsanbindung/Rückfahrt (V):
Nürnberg–Roßtal sowie Heilsbronn–Roßtal–Nürnberg: gute Bahnverbindung mit der R7, halbstündlich, www.vgn.de

Extras:
Beheiztes Freibad Heilsbronn, Am Philosophenweg, 91560 Heilsbronn, Tel. 0 98 72/95 67 15
Buchhandlung Gisela Lowig, siehe Übernachtung (großes Angebot an Jakobswegliteratur, Wanderkarten, Jakobsmuscheln etc., außerdem günstige Übernachtungsmöglichkeiten!)

Informationen:
Tourismusverband »Romantisches Franken«, Tel. 0 98 03/9 41-41, www.romantisches-franken.de
Stadtverwaltung Heilsbronn, Kammereckerplatz 1, 91560 Heilsbronn, Tel. 0 98 72/80 60, www.heilsbronn.de

Historische Schweinerei: Das so genannte »Judensau«-Motiv

Ein Hinweis in der Broschüre, die im Heilsbronner Münster zum Verkauf ausliegt, macht uns aufmerksam auf die so genannte »Judensau« am Sockel einer Figur an einer Säule im Mortuarium südlich der Grablege, die wir sonst wahrscheinlich übersehen hätten. Zu sehen sind Juden – deutlich kenntlich gemacht vor allem durch die trichterförmigen Hüte –, die wie die Ferkel gierig an den Zitzen einer Sau saugen.

Wie kommt eine derart antisemitische Abbildung in eine Kirche? Das Relief im Heilsbronner Münster ist kein Einzelfall. Derartige Darstellungen findet man u. a. in und an Gotteshäusern in Basel, Brandenburg, Colmar, Erfurt, Köln, Magdeburg, Metz, Regensburg, Wimpfen, Wittenberg, Wien und auch in dem in diesem Buch beschriebenen Gebiet außer im Heilsbronner Münster in Cadolzburg, Nürnberg (Sebalduskirche) und Bamberg (Dom).

Das »Judensau«-Motiv tauchte erstmals im Mittelalter auf und markiert einen drastischen Wendepunkt in der Geschichte der Judendarstellung. Nach einer Zeit des relativ reibungslosen Zusammenlebens mussten die jüdischen Mitbürger – wie schon so oft in der Geschichte – als Sündenböcke für Krisenfälle herhalten. Theologische »Argumentationen« und Legendenbildungen, angefangen von der kollektiven Schuldzuweisung, die Juden hätten Christus umgebracht, bis hin zum Vorwurf der Hostienschändung und des Ritualmords, aber auch ökonomische und psychologische Faktoren kulminierten in einem Judenhass, der einer Dämonisierung der Juden gleichkam. Selbst für die Pest machte man sie verantwortlich. Man grenzte sie aus, unterstellte ihnen, mit dem Teufel im Bunde zu sein, sprach ihnen das Menschsein ab. Davon zeugen die perfiden »Judensau«-Darstellungen, die beispielsweise Juden zeigen, die sich, vom Teufel verführt, von Milch und Exkrementen einer Sau ernähren.

Die enge Verbindung mit einem Schwein, dem für Juden unreinen Tier, mit dem möglichst jeder Kontakt vermieden werden sollte, das schier familiäre Miteinander von Juden und Sau – wie bei der Heilsbronner »Judensau« –, musste die religiösen Gefühle von Juden in besonderer Weise verletzen. Wie muss es um eine Kirche bestellt gewesen sein, die es nötig hatte, Nichtchristen derart zu verunglimpfen? Und selbst Martin Luther distanziert sich nicht, ganz im Gegenteil (mit Bezug auf die »Judensau« von Wittenberg): »Hinter der Sau steht ein Rabbiner ... bückt sich und guckt mit großem Fleiß der Sau unter den Bürzel in den Talmud hinein ...«

Es drängt sich die Frage auf, wie man heute mit solchen Darstellungen umgehen kann. Soll man sie aus Denkmalschutzgründen erhalten oder entfernen? In einer Erklärung der evangelischen Kirche Berlin-Brandenburg aus dem Jahr 1990 wird empfohlen: »Sofern die Kunstwerke an ihrer Stelle verbleiben, sollte der Betrachter durch Hinweise auf Schuld und Betroffenheit der Kirche aufmerksam gemacht und zu neuer Sicht angeleitet werden.« Die evangelische Kirchengemeinde Heilsbronn distanziert sich zumindest in der oben genannten Broschüre von ihrer »Judensau« und sieht in ihr »ein Mahnmal gegen die Diffamierung jüdischer Religion durch die christliche Kirche« und gleichzeitig eine Aufforderung, »einzutreten für einen Dialog zwischen den Menschen verschiedener Kulturen«.

Nikola Stadelmann

Weitere Informationen: Thomas Brunier, Die »Judensau«. Zu einem Symbol des Judenhasses und seiner Geschichte, Forum Religion 4/1995

9 Dunkle Wälder, kühles Nass

Von Heilsbronn nach Weihenzell

Heilsbronn (E Ü V) – Großhaslach (E) – Reckersdorf – Forst – Weihenzell (E Ü V)

- ca. 16 km
- Schöne, hügelige Strecke, auch für unerfahrene Wanderer zu bewältigen
- Ein Kreuzstein, lange Waldpassagen und schöne Aussichten

Hier geht's lang

Vom Heilsbronner Zentrum führt uns das Muschelzeichen über Lindenplatz, Wiesenweg und Badstraße schließlich auf der Ketteldorfer Straße aus der Stadt hinaus. Direkt nach der Eisenbahnunterführung biegen wir links zum Hundeübungsplatz ab und gelangen in den Ketteldorfer Forst. Wir überqueren einen größeren Querweg und halten uns auch an der großen Vier- oder, wenn wir den etwas später rechts abzweigenden Wegarm dazuzählen, Fünffach-Kreuzung immer geradeaus und laufen bis in die Waldgemarkung »Schulweg«. Wir folgen diesem Weg, bis wir aus dem Wald heraustreten und auf die Straße nach **Großhaslach** stoßen. Auf ihr gehen wir die letzten Meter hinauf in den Ort. Auf der Heilsbronner Straße überqueren wir den Dorfplatz, dann steigen wir den Kirchenweg hinauf zur gotischen Wehrkirche St. Maria. Von dort geht es zwischen Bahrhaus und Schule auf den Friedhof zu. Wir folgen der Straße, die vom Friedhofsparkplatz hinunterführt und biegen dann nicht nach rechts zurück ins Dorf, sondern nach links zum Wald hin ab.

Kurz nach Waldeintritt treffen wir auf den Kreuzstein, ein schönes altes Steinkreuz, und folgen dem Muschelzeichen auf einem Forstweg geradeaus weiter in den Wald hinein. Eine ganze Weile gehen wir nun immer geradeaus, kreuzen den

Weg mit der Rotkreuz-Markierung, bis sich schließlich, wenn wir ins Freie treten, ein wunderschöner Blick auf das Haselbachtal vor uns ausbreitet. Ein Feldweg bringt uns hinunter nach **Reckersdorf**. Wir laufen durch den Ort hindurch, überqueren die Autostraße von Bruckberg nach Ansbach und steigen auf einem Schotterweg hinauf Richtung Forst, wieder in den Wald hinein. Oben bei der Einmündung in einen anderen Querweg halten wir uns links und gehen dann in alter Richtung weiter. Nach zirka 300 Metern verlassen wir den Wald, und es eröffnet sich eine schöne Aussicht auf die über dem Tal gelegene Gemeinde **Forst**. Ein Wirtschaftsweg bringt uns über die Fluren dorthin. Vorbei an der Pfarrkirche St. Stephanus und einem ehemaligen Jagdschlösschen verlassen wir Forst auf der Straße in Richtung Petersdorf. Etwa 300 Meter nach dem Ortsausgang biegen wir links ab und gehen über Felder auf eine vorstehende Waldspitze zu. Der Jakobsweg führt uns durch den Wald hindurch und ein Stück am Waldrand entlang, wird breiter und mündet schließlich in ein asphaltiertes Sträßchen. Auf der Karte des Bayerischen Landvermessungsamtes ist der Weg hier geradeaus verzeichnet, wir halten uns aber an

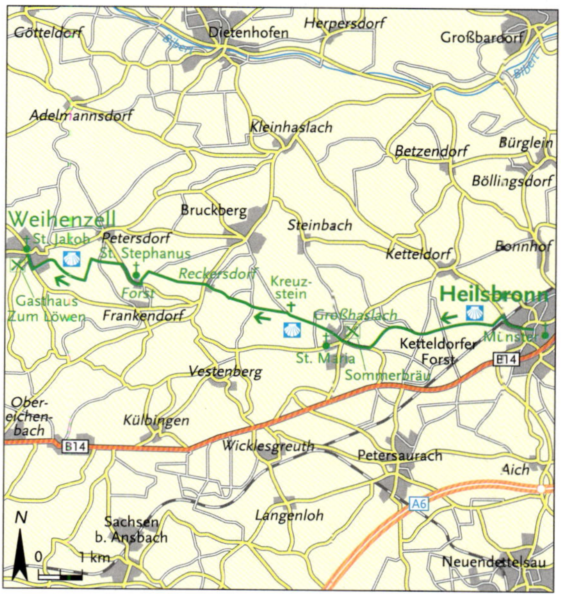

Das schöne alte Steinkreuz an der Weggabelung zwischen Reckersdorf und Bruckberg

die Muschelzeichen und folgen der Straße nach links, um wenig später wieder rechts in einen Feldweg abzubiegen, auf dem wir durch Wald und Wiesen hinunter nach **Weihenzell** marschieren. Im Ort kommen wir auf eine größere Straße, der wir etwa 200 Meter nach rechts folgen, dann biegen wir links in einen Fußweg ab, der an einer Brücke auf die Hauptstraße trifft. Einige Meter weiter rechts steht die St.-Jakob-Kirche.

Das gibt's zu sehen

Wer nach dem langem Marsch durch den schönen Ketteldorfer Forst nach **Großhaslach** hineinläuft, wird sich über den einladenden Biergarten des »Sommerbräu« direkt am Dorfplatz freuen. Zu einem kräftigen Bier bekommt man hier allerlei leckere, typisch fränkische Spezialitäten. So gestärkt – in Reckersdorf und Forst gibt es keine Einkehrmöglichkeiten – steigen wir durch einen schönen Torbogen hinauf zur kleinen gotischen Wehrkirche und von dort aus dem Ort hinaus und weiter auf den Wald zu. Der Kreuzstein kurz nach Waldeintritt, ein trutziges Sandsteinkreuz, wie man sie im Fränkischen noch öfter findet, markiert schon seit Hunderten von Jahren die Weggabelung zwischen Reckersdorf und Bruckberg.

Nach dem »Abstieg« nach **Weihenzell** verlassen wir kurz den Jakobsweg, um uns die kleine Jakobskirche anzuschauen, die innerhalb des kleinen eingewachsenen Friedhofs über der Straße »thront«. Der freundliche, schlichte Raum strahlt Ruhe und zugleich Lebendigkeit aus. Und vorne im Altarraum entdecken wir links unter der schönen Figur des Hl. Jakobus nicht nur allerlei »Pilgerutensilien« wie das Gästebuch, Literatur, Postkarten, Stempel und das blaue Jakobsweg-Kärtchen mit Bibelzitat und Lied, sondern – besonders nett – auch Mineralwasser und Gläser für durstige Wandersleute. Gleich gegenüber im Gasthaus »Zum Löwen« wird man freundlich aufgenommen und erfährt auf Nachfrage auch, wo man im Ort günstige Privatzimmer bekommen kann. Jetzt möglichst schnell raus aus den Wanderstiefeln und, solange die Sonne noch scheint, hinein in die Fluten. Das etwas am Ortsrand gegenüber der Schule gelegene Freibad von Weihenzell ist bei schönem Wetter ein schier idealer Ort, einen anstrengenden Wandertag ausklingen zu lassen.

Das Weihenzeller Jakobs-Kirchlein

Adressen und Öffnungszeiten:

St.-Maria-Kirche (und Bahrhaus), Großhaslach, tägl.

St.-Stephanus-Kirche, Forst, Schlüssel zur Kirche gegenüber bei Familie Bogenreuther, Haus Nr. 2, erhältlich

St.-Jakob-Kirche, Weihenzell, Sa/So, ansonsten Schlüssel zur Kirche gegenüber in der Sparkasse gegen Unterschrift oder im Pfarramt, Petersdorfer Straße 2, 91629 Weihenzell

Einkehr (E):

»Sommerbräu«, Dorfplatz 10, 91580 Großhaslach, Tel. 0 98 72/77 56, Do–So 10.00–14.00, 17.00–23.00, Aug geschlossen (wunderschöner Biergarten, direkt unterhalb der Kirche)

»Zum Löwen«, Ansbacher Straße 5, 91629 Weihenzell, Tel. 0 98 02/2 15, Di–Fr 17.00–1.00, Sa/So 11.00–1.00, Mo Ruhetag, Mitte Jun–Mitte Jul Urlaub (nette Wirtsleute, hier kann man auch private Übernachtungsmöglichkeiten erfragen)

Übernachtung (Ü):

Privatzimmer Familie Gußmann, Mühlleite 5, 91629 Weihenzell, Tel. 0 98 02/71 26, Zimmer ab 18,00 € p. P.

Verkehrsanbindung/Rückfahrt (V):

Weihenzell–Ansbach: unregelmäßige Busverbindung mit dem Bus 715 (Achtung: samstags nur sehr wenige, sonntags keine Fahrten!)

Ansbach–Heilsbronn–Nürnberg: gute Bahnverbindung mit der R 7, www.vgn.de

Extras:

Freibad Weihenzell, Am Eichenberg 13, 91629 Weihenzell, Tel. 0 98 02/84 00, in den Sommermonaten tägl. 9.00–20.00, bei schlechtem Wetter 9.00–10.00 und 17.00–18.00

Informationen:

Tourismusverband »Romantisches Franken«, Tel. 0 98 03/9 41-41, www.romantisches-franken.de

Gemeinde Weihenzell, Ansbacher Straße 15, 91629 Weihenzell, Tel. 0 98 02/9 50 10, www.weihenzell.de

Zu Gumbertus' Wundereiche
Von Weihenzell nach Lehrberg

10

Weihenzell (E V) – Wernsbach (E) – Röshof (E) – Buhlsbach – Lehrberg (E V)

- ca. 12 km
- Relativ kurze Etappe mit einigen Steigungen, nicht ganz einfach zu gehen. Wegen der langen Strecken auf weitem Feld Kopfbedeckung und Sonnencreme nicht vergessen
- Variante: »Langläufer« verlängern diese Etappe um 6 km und laufen weiter bis Häslabronn (siehe Etappe 11)

Hier geht's lang

Von der Weihenzeller Jakobskirche gehen wir zurück zur Brücke und biegen direkt dahinter rechts in einen Fußweg ab, der anfangs am Wernsbach entlangführt und nach einiger Zeit in einen Teerweg übergeht. Am Sportzentrum vorbei zur Straße, dort wenden wir uns rechts zum Kreisverkehr. Am Kreisverkehr wählen wir die Straße nach Zellrüglingen und biegen am Ortsende vor einer Baustoffhandlung links in die Straße Am Schelm ein, die sich zum Wald hin als Schotterweg fortsetzt. Etwa 250 Meter nach Waldeintritt zweigt halb links ein kleiner Waldweg ab. Ihm folgen wir eine ganze Weile bergan, bis er uns dann relativ eben durch den Wald auf eine Lichtung zu führt. In einer Rechtskurve halten wir uns geradeaus und gehen weiter bis zum Ende des Waldes. Hier wenden wir uns nach links und steigen auf einem schmalen Rainweg abwärts, wieder in den Wald hinein.

Bald passieren wir die ersten Häuser von **Wernsbach**, halten uns erst rechts und biegen dann links in die »Schelmleite« ein, die uns zur Hauptstraße führt. Rechts die Kirche St. Johannes der Täufer. Wir verlassen den Ort am Friedhof vorbei auf der

Hauptstraße. Am Ortsausgang lotst uns die Muschel-Markierung geradeaus eine kleine Nebenstraße hinauf. Eine ganze Weile gehen wir über freies Feld immer geradeaus, kreuzen den Weg mit dem blauen Kreuz und gelangen schließlich an einen Überlandleitungsmast, an dem uns das Jakobsweg-Zeichen links in die Felder schickt. Leider wird der Weg hier ziemlich mühsam und schwer erkennbar, ist er doch komplett zugewachsen. Besser – ein kleiner Umweg zwar, aber komfortabler allemal – man geht gleich am Überlandleitungsmast den Weg, auf dem man gekommen ist, bis zu seinem Ende und dann links am Waldrand auf einem anderen Wirtschaftsweg weiter, bis man wieder auf die vertraute Markierung trifft.

Rechts auf der Autostraße nach Lehrberg erreichen wir **Röshof** und gehen weiter auf die große Kreuzung zu. Hier überqueren wir die Straße von Ansbach nach Neustadt/Aisch und biegen unmittelbar danach links in einen Schotterweg ab, der zirka 300 Meter parallel zur Straße verläuft, bis er fast im Neunzig-Grad-Winkel nach rechts abzweigt. Wir folgen dem Weg über mehrere Kilometer, durch zwei kleinere Waldstücke, bis er auf eine asphaltierte Straße trifft. An ihr nach links bis

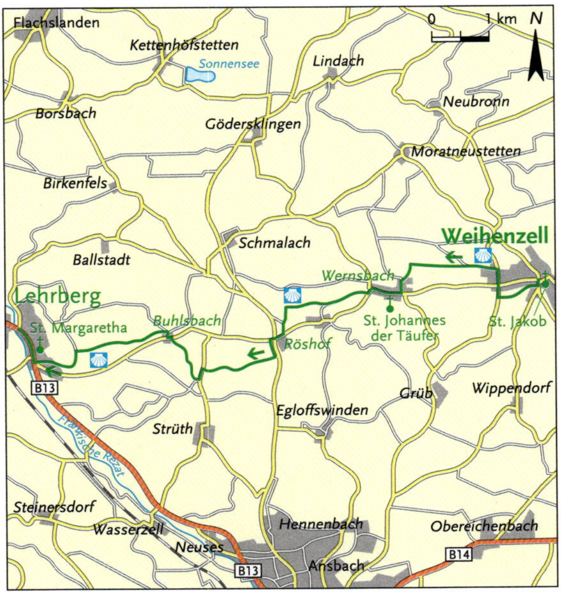

Die Johannes-Kirche in Wernsbach

zum Waldbeginn, hier rechts in einen Wirtschaftsweg, den wir allerdings kurz darauf gleich wieder nach rechts verlassen. Erst am Waldrand entlang, dann über Felder und Wiesen hinunter ins idyllisch gelegene Örtchen **Buhlsbach**. Vorbei an einem kleinen Badeweiher, erst über die Straße, dann über die Brücke hinüber. Wir verlassen das Dorf nicht auf der Straße nach Brünst, sondern halten uns links, um wenig später noch einmal links in einen Feldweg abzubiegen. Achtung, hier ist die Markierung etwas unglücklich: nicht den Abzweig nach rechts nehmen, sondern dem Weg auf den Wald zu folgen! Im Wald halten wir uns eher links und folgen einem kleinen Pfad, der uns durch ein wunderschönes bewaldetes Tal führt, bis wir ins Freie treten und auf einen Wirtschaftsweg treffen. Wir halten uns stetig links und folgen dem Weg, der in ein Asphaltsträßchen übergeht, hinunter nach **Lehrberg**. Schließlich stoßen wir auf die Hauptstraße (B 13), auf der wir rechts auf die St.-Margaretha-Kirche zugehen.

Das gibt's zu sehen

An der schönen Kirche im etwas unscheinbaren **Wernsbach**, der ersten Station unserer Etappe, sollte man nicht achtlos vorbeigehen. Von der Wehrkirche aus dem 15. Jahrhundert stehen heute noch die zwei Geschosse des Turms sowie Mauer und Tor der alten Friedhofsbefestigung. Sein heutiges, etwas eigenwilliges Aussehen bekam der Turm im 18. Jahrhundert, als man ihm das achteckige Glockengeschoss und den entsprechenden Turmhelm »aufsetzte«. Wer die Kirche auch von innen sehen will, muss sich den Schlüssel im Pfarramt besorgen.

Kommt man nach langem Marsch im idyllisch gelegenen Örtchen **Buhlsbach** an, könnte man es den Kindern gleichtun, die ausgelassen im Wasser des kleinen Badeweilers am Ortseingang plantschen. Überquert man die kleine Brücke, findet sich – alternativ – ein lauschiges Plätzchen unter einem großen Baum, an dem sich schön rasten und ausruhen lässt.

Jetzt ist es nicht mehr weit nach **Lehrberg**. Vor uns entdecken wir die Ruine der ehemalige Kapelle St. Jobst, die ein gewisser Eustachius von Birkenfels Anfang des 15. Jahrhunderts als Teil eines längst nicht mehr vorhandenen Herrensitzes errichten ließ. Im Dreißigjährigen Krieg wurde sie zerstört,

Ein lauschiges Plätzchen unter der Jakobsmuschel in Buhlsbach

heute steht nur noch die Turmruine, die so genannte »Lehrberger Kappl«. Etwas ab vom (Jakobs-)Weg, unweit des Weilers Hürbel am Rangen steht die »Lehrberger Kreuzeiche«, ein schöner knorriger Baumriese, den der Ansbacher Heilige Gumbertus der Legende nach selbst gepflanzt und in dessen Schatten er Wunder gewirkt haben soll. Fachleute schätzen das Alter der Kreuzeiche auf über 800 Jahre – das heißt allerdings, dass sie erst lange Zeit nach Gumbertus' Tod gepflanzt wurde. Trotzdem ist sie ein beeindruckendes Naturdenkmal, das den kleinen Umweg allemal lohnt. Bevor man in einer der relativ zahlreichen Lehrberger Gaststätten einkehrt, sollte man noch einen Blick in die St.-Margaretha-Kirche werfen. Im 13. Jahrhundert brachte der Eichstätter Bischof Gundekar II. ihr zwei angeblich vom Kreuz Christi stammende Reliquien mit, einen Nagel und ein Stück Holz, weshalb sie seinerzeit ein beliebtes Wallfahrtsziel war.

Adressen und Öffnungszeiten:

Pfarrkirche St. Johannes der Täufer, Wernsbach, Schlüssel im Pfarramt erhältlich, Wernsbach 10, 91629 Weihenzell/Wernsbach, Tel. 09 81/8 78 56

St.-Margaretha-Kirche, Lehrberg, Marktplatz, tagsüber geöffnet

Einkehr (E):

»Zur Linde«, Wernsbach 39, 91629 Weihenzell/Wernsbach, Tel. 09 81/4 87 59 75, tägl. ab 10.00, Di Ruhetag

»Zur Krone«, Wernsbach 29, 91629 Weihenzell/Wernsbach, Tel. 09 81/8 69 39, tägl. ab 19.00, So ab 11.00

»Kapellenstube«, Kapellenstraße 2a, 91611 Lehrberg, Tel. 0 98 20/17 98, tägl. ab 11.00, Di Ruhetag

Übernachtung (Ü):

Stefan und Susanne Hecht, Schelmleite 17, 91629 Weihenzell/Wernsbach, Tel. 09 81/8 72 32, Ferienwohnung (für max. 6 Pers.) bis 2 Pers. 30,00 €, jede weitere Person 5,00 €

»Weißes Roß«, Marktplatz 13, 91611 Lehrberg, Tel. 0 98 20/9 71 20, Zimmer ab 20,00 € p. P. (Gasthof und Metzgerei, Jakobsmuschel-Schild am Haus)

»Gasthof Kern«, Obere Hindenburgstraße 5, 91611 Lehrberg, Tel. 0 98 20/2 22, Zimmer ab 25,00 € p. P.

Verkehrsanbindung/Rückfahrt (V):

Nürnberg–Weihenzell: mit der Bahn R 7 bis Heilsbronn oder Ansbach, weiter mit dem Bus Nr. 715 oder 716 (Sa nur bis Mittag, So keine Verbindung!)

Lehrberg–Weihenzell: eigentlich nur eine einzige einigermaßen gute Verbindung am Tag mit den Bussen Nr. 705 und 716 (Abfahrt 17.43, Fahrplanauskunft: www.bahn.de)

Lehrberg–Ansbach–Nürnberg: Anschluss am Nachmittag mit dem Bus Nr. 705 oder 732 nach Ansbach (allerdings nur unter der Woche, Sa nur bis Mittag, So gar nicht), von dort mit der Bahn R 7 zurück nach Nürnberg

Informationen:

Tourismusverband »Romantisches Franken«, Tel. 0 98 03/9 41-41, www.romantisches-franken.de

Gemeinde Markt Lehrberg, Sonnenstraße 14, 91611 Lehrberg, Tel. 0 98 20/9 11 90, www.lehrberg.de

Durch den Naturpark Frankenhöhe

Von Lehrberg nach Binzwangen

Lehrberg (E Ü V) – Unterheßbach – Häslabronn (Ü) – Colmberg (E) – Oberhegenau – Binzwangen (E Ü V)

- ca. 16 km
- Landschaftlich sehr schöne Etappe, allerdings einige Asphaltpassagen
- Kirchlein, Burg und Badeweiher; einige Freizeitangebote (auch für Kinder) rund um Colmberg

Hier geht's lang

Von der Lehrberger Kirche aus laufen wir an der B 13 ortsauswärts auf der Brücke über die Fränkische Rezat. Direkt dahinter weist uns das Muschelzeichen nach links und sofort wieder nach rechts auf eine kleine Asphaltstraße, die parallel zur Autostraße verläuft. In einem großen Linksbogen unterqueren wir die Bundesstraße und gelangen nach etwa zwei Kilometern nach **Unterheßbach**. Dort überqueren wir die Hauptstraße und gehen auf einem Wirtschaftsweg weiter auf den Wald zu. Nach einer Linkskurve halten wir uns – ohne Zeichen – halb rechts und gehen in alter Richtung weiter in den Wald hinein. (Wer diese Abzweigung verpasst hat – halb so schlimm –, der folgt der Linksbiegung des Wirtschaftswegs, auf dem wir von Unterheßbach gekommen waren, einfach ein Stück weiter bis zum Waldeingang und biegt dort rechts in einen unmarkierten Weg ab, der nach kurzer Zeit wieder auf den Jakobsweg trifft.) Eine ganze Zeit geht es nun durch den Wald, bis wir auf einen schönen, noch breiteren Waldweg treffen, dem wir nach links weiter ins Waldinnere folgen. Wenig später lotst uns das Jakobswegzeichen erneut nach links und führt uns schließlich wieder links durch den Waldgürtel, dann über Wiesen ins Tal hinab, ins romantische Örtchen **Häslabronn** mit seinen Fachwerkhäusern und der kleinen Jakobskirche. Auf der Höhe des »Europa-

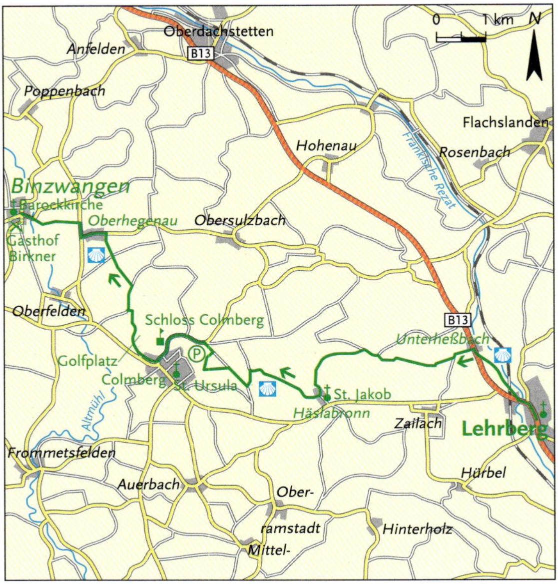

Nostra-Steins« wenden wir uns nach links und verlassen auf einem gepflasterten Sträßchen das Dorf. An der nächsten Weggabelung halten wir uns rechts und auch an der danach folgen wir unserem Weg halb rechts weiter hinauf, auf eine Waldspitze zu. Bevor wir in den Wald eintreten, werfen wir noch einmal einen Blick zurück auf das malerisch daliegende Häslabronn. Im Wald, dem »Häslabronner Rangen«, wird der Weg steiler. Oben angelangt, biegen wir links in einen Forstweg ein, bis dieser auf einen Querweg stößt. Hier nach rechts, doch etwas später schickt uns die Markierung links ab auf einen schönen, himbeerbewachsenen (Um-)Weg über die Schulzenhöhe, der letztlich wieder auf dem alten Weg endet. An einem Parkplatz vorbei, gehen wir auf ihm aus dem Wald hinaus und gelangen in einem Linksbogen auf einer Fahrstraße zur **Burg Colmberg** und später hinunter in den gleichnamigen Ort.

Wir verlassen Colmberg auf der Rothenburger Straße, biegen am Ortsausgang halb rechts in Richtung Golfplatz ab und gehen auf einer kleinen asphaltierten Straße unterhalb des Burgbergs immer leicht rechts weiter. Am Golfplatz, mehreren Fisch- und einem Badeweiher vorbei und dann am Waldsaum entlang stoßen wir auf einen Querweg. Hier biegen wir kurz links, dann aber gleich wieder rechts ein und können, während wir parallel zum Waldrand weiterlaufen, schräg links vor uns schon **Oberhegenau** erkennen. Und so zweigt auch der Jakobsweg bald – endlich von der Straße weg – nach links ab und führt uns auf zum Teil schwer erkennbaren, überwachsenen Graspfaden und, nach der Querung eines Wirtschaftsweges, auf einem Schotterweg zu einem Sträßchen, dem wir links die letzten Meter in den Ort folgen. Am Ortsausgang biegen wir rechts ab auf die Straße nach Rothenburg (Obacht, hier wird schnell gefahren!), bis wir nach etwa 300 Meter links ab auf einem Nebensträßchen in Richtung **Binzwangen** weitergehen. (Wem das »Asphalthatschen« zuviel wird, der stapft über die Felder, immer auf den weithin sichtbaren Zwiebelkirchturm der – für Franken untypischen – Barockkirche St. Sebastian, Cornelius und Cyprian zu.)

Das gibt's zu sehen

In **Häslabronn** sollte man die paar Schritte ab vom Weg hinunter zum hübschen Jakobskirchlein unbedingt gehen, vielleicht sogar einen Moment auf dem Bänkchen auf dem idyllischen

Auf die Burg Colmberg zu

Der Ortskern von Binzwangen

Kirchhof verweilen. Hier scheint die Zeit stehen geblieben zu sein oder zumindest viel langsamer zu vergehen als anderswo. Mit seinen romantischen, seit Jahrhunderten kaum veränderten Fachwerkhöfen und -häusern zählt das kleine Örtchen zu den schönsten Dörfern Frankens (1992 bekam es die »Europa-Nostra-Medaille« verliehen). Der Weg über die Schulzenhöhe nach Colmberg eröffnet immer wieder wunderbare Blicke auf die **Burg Colmberg**, auf der man übrigens auch übernachten kann. Der kleine Tierpark daneben ist nur eines der Freizeitangebote, die die Gemeinde zu bieten hat. Ausgehend vom Infozentrum des Naturparks Frankenhöhe (in dem auch der Tourismusverband »Romantisches Franken« untergebracht ist) an der St.-Ursula-Kirche führt der »Colmberger Eichenwaldweg«, ein mit zahlreichen Infotafeln versehener Lehrpfad, durch den wunderschönen, über 200 Jahre alten Eichenwald. Auf der anderen Seite des Burgbergs befinden sich neben dem großzügig angelegten Golfplatz ein netter, befestigter Badeweiher mit Grill- und Spielplatz sowie eine Skateranlage.

Auf dem Weg nach Oberhegenau laufen wir über überwachsene Graspfade an einer schönen Feldhecke entlang und haben in der Ferne immer schon unser Ziel, den charakteristischen Zwiebelturm des Binzwanger Barockkirchleins vor Augen.

Dort angekommen sollten wir uns keinesfalls die köstlichen, von der Wirtin selbst gemachten Küchle im Gasthof Birkner entgehen lassen! Auch hat das Dorf mit dem »Heuhotel Ohr« eine besondere und dazu sehr günstige Übernachtungsmöglichkeit zu bieten.

Adressen und Öffnungszeiten:

St.-Jakob-Kirche, Häslabronn, tägl., Schlüssel erhältlich bei Frau Braun, Haus Nr. 5, 91611 Lehrberg/Häslabronn, Tel. 0 98 29/13 28

St.-Ursula-Kirche, Am Kirchberg 5, 91598 Colmberg, tagsüber geöffnet

Barockkirche Binzwangen, Schlüssel im Pfarramt, Binzwangen 1, 91598 Colmberg/Binzwangen, Tel. 0 98 03/2 57

Einkehr (E):

»Schwarzer Adler«, Am Markt 10, 91598 Colmberg, Tel. 0 98 03/2 46, tägl. 10.00–14.00 und 17.00–22.00, Di Ruhetag

»Zur Sonne«, Ansbacher Straße 9, 91598 Colmberg, Tel. 0 98 03/2 67, tägl. ab 10.00, Mi Ruhetag

»Gasthof Birkner«, Binzwangen 42, 91598 Colmberg/Binzwangen, Tel. 0 98 03/8 70, tägl. ab 7.00 (nur kalte Küche)

Übernachtung (Ü):

»Berger-Scheune« und Ferienhaus, Familie Berger, Berndorf 15, 91611 Lehrberg/Häslabronn, Tel. 0 98 03/3 51, Scheune 10,00 € p. P., Zimmer ab 18,00 € p. P. mit Frühstück (nette Leute, Hund darf mit)

»Hotel Burg Colmberg«, Burg Colmberg, 91598 Colmberg, Tel. 0 98 03/9 19 20, www.burg-colmberg.de, Zimmer ab 39,00 € p. P. (etwas nobler)

»Gutshof Colmberg«, Burgstraße 26, 91598 Colmberg, Tel. 0 98 03/12 09, Zimmer ab 25,50 € p. P. (Hund kostet extra)

»Ferienwohnung Fischer«, Burgstraße 20, 91598 Colmberg, Tel. 0 98 03/4 59, www.gutshof-colmberg.de, Zimmer ab 17,50 € p. P., Whg. ab 28,00 €

Familie Eisner, Binzwangen 4, 91598 Colmberg/Binzwangen, Tel. 0 98 03/2 44, Zimmer ab 20,00 € p. P.

»Heuhotel Ohr«, Binzwangen 34, 91598 Colmberg/Binzwangen, Tel.0 98 03/2 89 oder 2 29, Übernachtung im Heu (mit Schlafsack) 6,00 € p. P., Zimmer ab 12,00 € p. P.

Verkehrsanbindung/Rückfahrt (V):

Nürnberg–Lehrberg: mit der Bahn R7 nach Ansbach, weiter mit dem Bus Nr. 705 oder 734 (Sa nur bis Mittag, So keine Verbindung)

Binzwangen–Lehrberg: mit dem Bus Nr. 732 (Sa nur bis Mittag, So gar nicht)

Binzwangen–Ansbach–Nürnberg: Anschluss am Nachmittag mit dem Bus Nr. 732 nach Ansbach (allerdings nur unter der Woche, Sa nur bis Mittag, So gar nicht), von dort mit der Regionalbahn zurück nach Nürnberg

Informationen:

Tourismusverband »Romantisches Franken«, Tel. 0 98 03/9 41-41, www.romantisches-franken.de

Markt Colmberg, Am Markt 1, 91598 Colmberg, Tel. 0 98 03/9 32 90, www.colmberg.de

Weitere Informationen unter www.burgenstrasse.de

Jakobs Muschel

Von einer Vorliebe des Heiligen Jakobus für Muscheln ist nichts überliefert, doch ist die Muschel eines seiner bekanntesten Attribute. Sie weist den Jakobspilger aus – und ihm den Weg. Eine mittelalterliche Legende berichtet von einem jungen Ritter, der Jakobus und dessen Schülerschar folgte. Nach der Durchquerung eines Meeresarms soll dieser »erste Pilger« von oben bis unten mit Muscheln bedeckt gewesen sein.

In einer anderen Variante der Geschichte ist es ein junger Adliger, der dem Schiff mit dem Leichnam des Heiligen entgegenritt und in den Fluten versank. Nachdem er mit Jakobs wundersamer Hilfe das rettende Ufer wieder erreichte, waren auch er und sein Pferd vollkommen mit Muscheln übersät. Seither ist die Jakobsmuschel das Zeichen für die religiöse Pilgerschaft schlechthin.

Nikola Stadelmann

12 Wo sich Fuchs und Ente Guten Tag sagen

Idylle zwischen Binzwangen und Rothenburg

Binzwangen (E Ü V) – Stettberg (E) – Karrachmühle – Wachsenberg (E) – Rothenburg o. d. Tauber (E Ü V)

- ca. 18 km
- Streckenweise traumhaft schöne Etappe, leider viel Asphalt
- Wem die Etappe zu lang ist oder wer die letzte etwas öde »Betonstrecke« des Jakobswegs nach Rothenburg umgehen möchte, kann in Wachsenberg übernachten und am nächsten Tag auf einem insgesamt 17 km langen, aber landschaftlich reizvollen Umweg über Schweinsdorf, Steinbach, Detwang und Bronnenmühle nach Rothenburg wandern

Hier geht's lang

Wir verlassen **Binzwangen** auf der Straße in Richtung Dornhausen, bis uns die Muschelmarkierung nach rechts in einen Schotterweg schickt. Dieser mündet nach einiger Zeit in ein kaum noch erkennbares Weglein, der uns über Wiesen nach **Stettberg** lotst. Mit dem Kirchturm der Stettberger St.-Nikolaus-Kirche als Orientierung können wir uns nicht verlaufen. Am schönen Weiher am Ortseingang vorbei, gehen wir gar nicht wirklich in den Ort hinein, sondern wenden uns am ersten Abzweig nach links und wandern nach Südwesten aus Stettberg hinaus. Nachdem wir den Ödenbach überquert haben, halten wir uns rechts und biegen nach etwa 200 Metern links in einen Schotterweg ein, der geradewegs auf die Landstraße zuhält. An seinem Ende, an einem Rast- und Spielplatz biegen wir scharf rechts ab und gehen auch an der Schutzhütte mit der Tafel des Naturparks Frankenhöhe rechts weiter auf dem Weg in Richtung Windelsbach.

An einer Teerstraße angekommen, folgen wir ihr nach links und biegen wenig später rechts in einen mit Gras überwachsenen Waldweg ein. Im Wald weist uns die Markierung halb links über eine Lichtung, wir gehen weiter durch herrliche Himbeerbüsche bis zur Straße, der wir rechts bis zu einer Kreuzung folgen. Hier rechts auf der Straße die Kuppe hinauf, dann schickt uns das Muschelzeichen links auf einem Feldweg in den Wald hinein. Wir folgen der Markierung durch den Wald – an einem eingezäunten Waldstück schlagen wir einen Links-Rechts-Haken – und erreichen, wieder im Freien, einen Betonweg, dem wir rechts ein Stück in Richtung Windelsbach folgen. Bei nächster Gelegenheit biegen wir links in einen anfangs ebenfalls betonierten Weg ab, der uns im malerischen Grund des Karrachbachs geradewegs auf den idyllisch gelegenen Karrachsee zu führt.

Zur Linken die **Karrachmühle** wandern wir am nördlichen Seeufer entlang, genießen die fröhliche Ruhe dieses Ortes und erfreuen uns – wie die Füchse, die allerdings vor uns in den Wald flüchten – an allerlei »Federvieh« zwischen Seerosen und Schilf. Auch unser Weg führt in den Wald, zu einem lauschigen

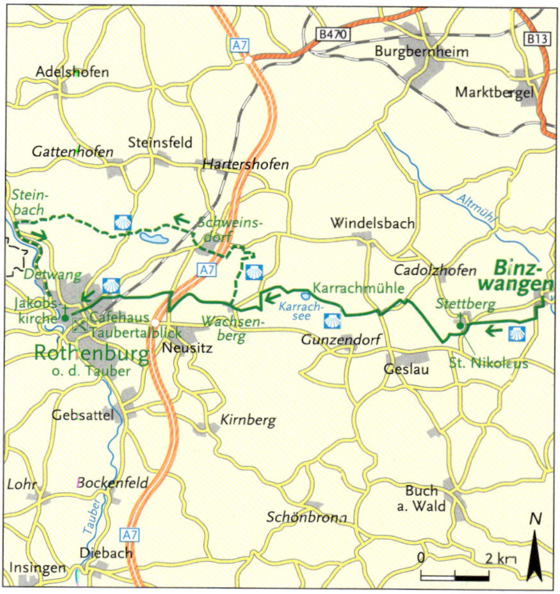

Friedliches Plätzchen – der idyllische Karrachsee (mit Karrachmühle)

Weiher. Von dort links einige Holzstufen hinauf und oben auf der Wiese rechts auf einem Schotterweg wieder in den Wald hinein, geradewegs auf eine Autostraße zu. An der Kreuzung geht es jedoch sofort links in einen anderen Forstweg, der uns »zurück« in den Karrachwald bringt. Nach etwa einem halben Kilometer schickt uns das Muschelzeichen nach rechts. Durch Nadel- und Mischwälder laufen wir auf **Wachsenberg** zu. Am Ausgang des hübschen Dorfes halten wir uns erst rechts, dann links und gehen über ein weites Feld bis zur nächsten Weggabelung. Von dort führt ein kleiner Waldweg bergab und dann in einem weiten Linksbogen auf die Autobahn zu. Vor einer Lagerhalle schickt uns die Jakobswegmarkierung auf Schotter hinauf zu einer Straße, die rechts unter der Autobahn hindurchführt. Weiter laufen wir parallel zur Straße und biegen dann links auf eine Nebenstraße ab, die über weites Feld am Flughafengelände vorbei auf die weithin sichtbare Stadt **Rothenburg** zu läuft. Halb rechts über die Bahngleise geht es kurz danach links in einen kleinen, nicht mehr asphaltierten Weg. Wir passieren die ersten Häuser, folgen dem Weidleinsweg bis zur Schweinsdorfer Straße, der wir nach links zur alten Stadtmauer folgen. Wir betreten die Rothenburger Altstadt durch das Galgentor, gehen schnurstracks die Galgengasse hinunter, durchs Weiße Tor hindurch, auf die Jakobskirche zu.

Das gibt's zu sehen

Auf dieser letzten Etappe vor Rothenburg wird dem fröhlichen Wandersmann einiges geboten – überwachsene Pfade, kühle Grunde, lauschige Seen, romantische Dörfer, aber auch Autobahnlärm und touristisches »Gewusel«. Ein landschaftlicher Höhepunkt ist sicherlich die **Karrachmühle** mit dem idyllisch gelegenen, von Schilf gesäumten und mit Seerosen bewachsenen See. Leider – oder vielleicht Gott sei Dank – kann man dort nicht einkehren und so genießen wir den Frieden und die Heiterkeit des Fleckens, die lediglich kurz durch das aufgebrachte Bellen eines Wachhunds gestört wird, auf einer Wiese sitzend.

Hübsch hergerichtet präsentiert sich das Dörfchen **Wachsenberg**. Direkt an der kaum befahrenen Straße kann man sich im Garten des »Waldgasthofs« bei einem kühlen Bier und leckeren geräucherten Bratwürsten auf den letzten Wegabschnitt vorbereiten. Leider ist ab jetzt reichlich Asphalttreten angesagt, aber von hier ist es ja nicht mehr weit bis **Rothenburg**.

Trotz der Unmengen an Touristen hat sich die Altstadt mit ihrem Kopfsteinpflaster, den wunderschönen Fachwerkbauten und einer auf den Wehrgängen begehbaren Stadtmauer ihre mittelalterliche »Heimeligkeit« bewahrt und scheint auf ihre

Rothenburger Schneeballen

Weise ebenso weit entfernt von (groß-)städtischer Hektik, Verkehrslärm und Leuchtreklame wie die Dörfer und Orte, durch die wir gewandert sind. Es empfiehlt sich, sich in der Tourist Information am Markplatz erst mit allerlei Material einzudecken, bevor man sich mit all den anderen zu den Sehenswürdigkeiten der Stadt begibt – zuallererst natürlich zur großen, gotischen Jakobskirche mit Tilman Riemenschneiders Blutaltar. Immer wieder spannend, vor allem auch für Kinder, ist ein Besuch im mittelalterlichen Kriminalmuseum oder, wem das zu schaurig ist, im kleinen Spielzeugmuseum in der Hofbronnengasse. Nicht weit davon entfernt hat man vom Wintergarten des »Caféhaus Taubertalblick« tatsächlich einen traumhaften Blick ins schöne Taubertal – und kann sich mit den berühmten Rothenburger Schneeballen in allen Variationen, diversen leckeren Strudeln und allerlei anderen süßen und deftigen Speisen stärken.

Adressen und Öffnungszeiten:

Kirche Stettberg, Schlüssel zu erfragen in Haus Nr. 8

St.-Jakob-Kirche, Kirchplatz, 91541 Rothenburg, Apr–Okt: tägl. 9.00–17.15, Nov, Jan–März: tägl. 10.00–12.00 und 14.00–16.00

Kriminalmuseum Rothenburg, Burggasse 3–5, 91541 Rothenburg, Tel. 0 98 61/53 59, Apr–Okt: tägl. 9.30–18.00, Nov, Jan, Feb: tägl. 14.00–16.00, Dez, März: tägl. 10.00–16.00, www.kriminalmuseum.rothenburg.de

Puppen- und Spielzeugmuseum Rothenburg, Hofbronnengasse 13, 91541 Rothenburg, Tel. 0 98 61/73 30, www.spielzeugmuseum.rothenburg.de, März–Dez: tägl. 9.30–18.00, Jan, Feb: tägl. 11.00–17.00

Einkehr (E):

»Zum Hirschen«, Stettberg 4, 91608 Geslau/Stettberg, Tel. 0 98 67/97 92 31, tägl. 10.00–13.00 und 16.00–24.00, Do Ruhetag

»Waldgasthof«, Wachsenberg 24, 91616 Neusitz/Wachsenberg, Tel. 0 98 61/33 00, tägl. 10.00–23.00, Mi Ruhetag

»Caféhaus Taubertalblick«, Untere Schmiedgasse 18, 91541 Rothenburg, Tel. 0 98 61/9 39 85, tägl. 9.30–19.00, im Sommer bis 21.00

Übernachtung (Ü):
»Waldgasthof«, siehe Einkehr, Zimmer ab 41,00 € (für hungrige Jakobswegpilger kein Ruhetag)
»Glocke Ringhotel Rothenburg«, Am Plönlein 1, 91541 Rothenburg, Tel. 0 98 61/95 89 90, www.glocke-rothenburg.de, Einzelzimmer ab 61,00 €, Doppelzimmer ab 72,00 € (nach der Glocke des einstigen St.-Johannis-Spitals aus dem frühen 13. Jhd. benannt)
»Gästehaus Hofmann«, Stollengasse 29, 91541 Rothenburg, Tel. 0 98 61/33 71, www.hofmann.rothenburg.de, schlichte, preisgünstige Zimmer ab 28,00 €, auf besondere Angebote achten

Verkehrsanbindung/Rückfahrt (V):
Rothenburg–Binzwangen: mit dem Bus 732 (Sa nur bis Mittag, So gar nicht, Fahrplanauskunft: www.bahn.de)
Rothenburg–Nürnberg: gute Verbindungen mit der Bahn über Steinbach und Ansbach oder Dombühl

Extras:
Klenk Kutschfahrten, Ernst Klenk, Nelkenweg 1, 91607 Gebsattel, Tel. 0 98 61/8 69 22, www.kutschfahrten-rothenburg.de (Tagestouren, Stadtrundfahrten, Taubertalfahrten nach tel. Vereinbarung)

Informationen:
Tourismus Service Rothenburg, Marktplatz, 91541 Rothenburg, Tel. 0 98 61/40 48 00, www.rothenburg.de, Mo–Fr 9.00–12.00 und 13.00–18.00 (Nov–Apr: nur bis 17.00), Sa/So 10.00–15.00 (Nov–Apr: Sa 10.00–13.00; So geschlossen, nur im Dez 10.00–15.00)

Von Würzburg nach Rothenburg o. d. Tauber

13 Durchs Maintal
Gemütlich von Würzburg nach Ochsenfurt

Würzburg (E Ü V) – Heidingsfeld – Eibelstadt (E Ü) – Sommerhausen (E) – Ochsenfurt (E Ü V)

- 21 km
- Keine großen Steigungen, auch für unerfahrene Wanderer gut zu schaffen
- Mainblick, Weinberge und malerische Dörfer

Hier geht's lang

Wir nehmen unsere Wanderung in der Residenzstadt **Würzburg** auf und wandern die meiste Zeit am Main entlang, den wir auf diesem Abschnitt nicht weniger als viermal überqueren.

Die vom Steigerwaldclub mit der Jakobsmuschel markierte Strecke beginnt in Würzburg an der Don-Bosco-Kirche, führt ein Stück über den Schottenanger, unter der Deutschhauskirche hindurch und durch die Zeller Straße zur Alten Mainbrücke. Wir überqueren die Brücke und steigen am anderen Ende

Die alte Mainbrücke in Würzburg

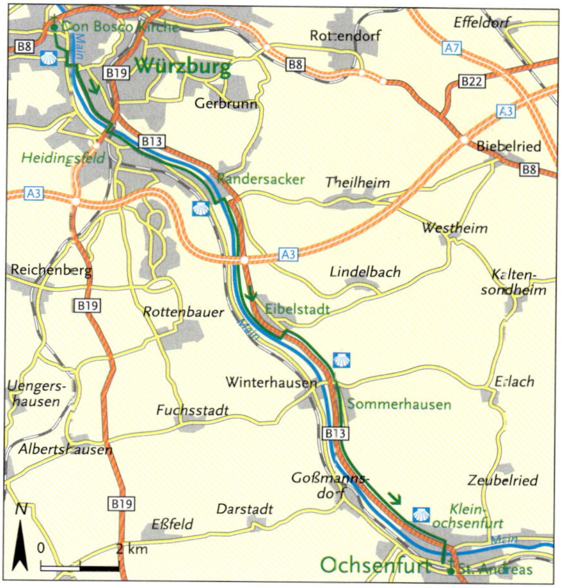

rechts die Treppe hinunter zum Mainufer. Mit dem Fluss zur Rechten geht es zunächst an den Parkplätzen, dann entlang der Allee des Ludwig-Kais und an einem Spielplatz vorbei, ehe wir halb links den Damm hinauf und auf die Autobrücke gelangen (Konrad-Adenauer-Brücke), auf der wir den Main wieder überqueren. Auf der anderen Seite links hinunter und gleich rechts unter der Bahn hindurch und geradeaus nach **Heidingsfeld** hinein. Auf der Höhe der Sparkasse steigen wir links ein paar Stufen hinunter auf einen Fußweg, der in einen kleinen Park führt, an dessen Ende wir links und dann noch einmal links abbiegen und uns dann nach rechts wenden, die Seilerstraße überqueren und geradeaus hinunter zum Mainufer gelangen. Auf dem Rad- und Fußweg geht es jetzt mit dem Fluss zur Linken weiter bis zur Staustufe Randersacker, die Treppe hinauf und (hinter dem Gebäude nach links) über den Steg wieder ans andere Mainufer und nach rechts weiter, wieder auf dem auch als Mainwanderweg ausgezeichneten Rad- und Fußweg.

Nach viereinhalb Kilometern passieren wir **Eibelstadt**, dann geht es weiter an **Sommerhausen** (hier lohnt sich ein Abstecher) und Kleinochsenfurt vorbei, bis wir die Alte Mainbrücke

Blick über den Main bei Winter- und Sommerhausen

von Ochsenfurt erreichen, den Fluss ein viertes und letztes Mal überqueren und direkt in der historischen Altstadt von Ochsenfurt landen.

Wegvariante: Bei **Eibelstadt** links durch eine Unterführung nach Eibelstadt hinein, über den Marktplatz rechts auf der Hauptstraße weiter, durch das Ochsenfurter Tor hinaus und über eine kleine Brücke, dahinter nach links steil hinauf, dann rechts auf einen Weg durch die Weinberge nach Sommerhausen. Dort über die Ölspielstraße und die Jahnstraße zur Hauptstraße und auf dieser durchs Ochsenfurter Tor, dahinter gleich rechts und wieder auf den Mainweg. Diese etwa einen Kilometer längere Strecke ist wegen des Wegs durch die Weinberge besonders reizvoll und ist mittlerweile als Wegvariante ebenfalls markiert.

Das gibt's zu sehen

Am eindrücklichsten bleibt auf dieser Wanderstrecke zweifellos der Anblick des Mains in Erinnerung, dessen Lauf wir immerhin die meiste Zeit folgen. In **Heidingsfeld** kommen wir in der Wenzelstraße direkt an einem Sühnebildstock aus dem 15. Jahrhundert vorbei, der für uns Wanderpilger von einigem Interesse ist, wurde doch dem Errichter des Bildstockes als Sühne für einen Mord auch eine Wallfahrt nach Santiago auferlegt. Zwischen Randersacker und Eibelstadt führt unser Weg zwischen Fluss und Schnellstraße entlang und wird ein wenig eintönig, zumal auf mehr als drei Kilometern (noch) keine Rastbänke für einen gemütlichen Zwischenstopp vorhanden sind.

Obwohl unser Weg Eibelstadt und Sommerhausen links liegen lässt, lohnt sich ein Abstecher in die beiden Orte. Gleich mehrere Theater besitzt die kleine Stadt **Sommerhausen**, unter anderem das 1950 gegründete Torturmtheater, das mit 50 Plätzen als Deutschlands kleinstes Theater gilt und hauptsächlich zeitgenössische Stücke zeigt. Galerien, Antiquitäten, Goldschmiede – all das kann man in den alten Stadtmauern Sommerhausens außerdem entdecken und sich – wie in allen Orten auf dieser Strecke – zwischendurch noch mit den besten Weinen der berühmten Weinbauregion stärken. Die einstige Bedeutung Ochsenfurts als strategisch wichtige Furt, die Handelswaren, Heere und Pilgerströme in und durch die Stadt brachte und damit ihren Reichtum und ihre Macht begründete, zeigt sich noch heute an der starken Befestigungsanlage, mit der sich die Stadt seit dem späten Mittelalter schützt. Ein Rundgang um die sechs noch bestehenden Ochsenfurter Türme und Stadttore lohnt sich für alle, die am Ende eines Wandertages noch Energie zum Laufen haben. Andernfalls bietet sich eine Besichtigung der Stadtpfarrkirche St. Andreas aus dem 14./15. Jahrhundert mit ihrem herrlichen Renaissance-Hochaltar und einer Tilman Riemenschneider zugeschriebenen Statue des Heiligen Nikolaus, ein Besuch des Heimatmuseums im »Schlößle« oder des Trachtenmuseums an. Den wirklich fußmüden Pilger laden zahlreiche Cafés und Gaststätten zur Rast ein, aber auch der sollte sich zumindest das Lanzentürmchen auf dem neuen Rathaus von 1515 am Marktplatz nicht entgehen lassen, wo zur vollen Stunde eine originelle Figurenuhr ein reizvolles Schauspiel bietet.

Adressen und Öffnungszeiten:

Heimatmuseum Eibelstadt, Kapellensteige 9, 97246 Eibelstadt, Tel. 0 93 03/82 44, Mai–Okt: So 14.00–16.00 und nach Vereinbarung

art & weise, Kleinkunstbühne für Musik, Dieter Schmitt, Hauptstraße 38, 97286 Sommerhausen, Tel. 0 93 03/16 13

(Konzerte, Jazz, Kabarett, Lesungen, Informationen zu den Veranstaltungen telefonisch erfragen)
Galerie im Schloss, Hauptstraße 25, 97286 Sommerhausen, Tel. 0 93 03/9 98 72, Sa, So 14.00–18.00 und nach Vereinbarung (Wechselausstellungen zeitgenössischer Kunst)
St.-Andreas-Kirche, Pfarrgasse 9, 97199 Ochsenfurt, Tel. 0 93 31/24 08, www.st-andreas-ochsenfurt.de
Heimatmuseum Ochsenfurt, Brückenstraße 26, 97199 Ochsenfurt, Tel. 0 93 31/58 55 und 97 11 (Auskunft), Apr–Okt: Sa, So 14.30–16.30 und nach Vereinbarung
Trachtenmuseum Ochsenfurt, Spitalgasse 13, 97199 Ochsenfurt, Tel. 0 93 31/58 55, Apr–Okt: Sa, So 14.30–16.30 und nach Vereinbarung

Einkehr (E):

»Weinglöcklein«, Marktplatz 1, 97246 Eibelstadt, Tel. 0 93 03/ 21 00, Mo 16.00–23.00, Di–So 11.00–23.00 (schon wegen des faszinierenden Namens ein Muss)
»Restaurant Philipp«, Hauptstraße 12, 97286 Sommerhausen, Tel. 0 93 33/14 06, Mi–So ab 19.00, Sa, So und Fei auch 12.00–14.00, www.restaurant-philipp.de (sehr nobel und entsprechend kostspielig, dafür exquisite saisonale Speisen, eigener Rauchsalon)
»Zum Bären«, Hauptstraße 74, 97199 Ochsenfurt, Tel. 0 93 31/86 60, Di–Sa ab 17.00, So, Fei ab 11.30 www.hotel-baeren-ochsenfurt.de (auch für Vegetarier gute Optionen bei angemessenen Preisen, freundlicher Service)

Übernachtung (Ü):

»Zur Krone«, Spitalgasse 1, 97199 Ochsenfurt, Tel. 0 93 31/ 28 09, www.ochsenfurt.de/firmen/goldene-krone.html, Zimmer ab 50,00 €
»Dick und Doris«, Obere Klingengasse 3, 97199 Ochsenfurt, Tel. 0 93 31/74 30, www.dick-doris.de, Zimmer ab 23,00 € p. P. (direkt in der Altstadt von Ochsenfurt)

Verkehrsverbindung/Rückfahrt (V):

Ochsenfurt–Würzburg: stdl. mit der Regionalbahn

Extras:

Fürstbischöfliche Residenz, Balthasar-Neumann-Promenade, 97070 Würzburg, Tel. 09 31/35 51 70, Apr–Okt: Mo–Sa 9.00–18.00, Nov–März: Mo–Sa 10.00–16.00

Schiffstouristik Würzburg Kurth und Schiebe, St.-Norbert-Straße 1, 97299 Zell, Tel. 09 31/5 85 73, www.schiffstouristik.de (Fahrten den Main hinunter nach Randersacker und zurück, Apr–Okt: von 10.00–16.00 stdl. vom Mainkai aus, an dem unser Weg direkt vorbeiführt)
Weingut Leo Sauer, Würzburger Straße 33, 97246 Eibelstadt, Tel. 0 93 03/5 96, Mo–Fr 9.00–19.00, Sa 10.00–15.00, www.weingut-leo-sauer.de (etwa 50 Weine im Angebot, unter anderem »Alfred«, der alkoholfreie)

Informationen:

Würzburg Tourist Information, Falkenhaus am Markt, 97070 Würzburg, Tel. 09 31/37 23 98, Jan–März: Mo–Fr 10.00–16.00, Sa 10.00–13.00, Apr–Dez: Mo–Fr 10.00–18.00, Sa 10.00–14.00
Eibelstadt, Rathaus, Marktplatz 2, 97246 Eibelstadt, Tel. 0 93 03/9 06 10, www.eibelstadt.de
Fremdenverkehrsbüro Ochsenfurt, Hauptstraße 36, 97199 Ochsenfurt, Tel. 0 93 31/58 55, Mo–Fr 9.30–13.00 und 14.00–18.00, Sa 9.30–13.00, www.ochsenfurt.de

14 Winzige Dörfer, prachtvolle Kirchen

Einsame Wege von Ochsenfurt nach Aub

Ochsenfurt (E Ü V) – Tückelhausen – Acholshausen – Gaukönigshofen (E Ü) – Rittershausen – Aub (E Ü V)

- 19 1/2 km
- Weiter gerade Strecken ohne Steigungen
- Zum Teil sehr sonnig, Sonnenhut und Sonnenschutz nicht vergessen!
- Vor allem auf dem ersten Abschnitt schöne Optionen für Kinder
- Variante: Der markierte Jakobsweg führt direkt von Oellingen nach Hemmersheim; da es vor Uffenheim aber (noch) keine weitere Übernachtungsmöglichkeit auf der Strecke gibt, hat sich für viele Wanderer die insgesamt nur drei Kilometer längere Strecke über Aub etabliert

Hier geht's lang

Wir beginnen den nächsten Streckenabschnitt, der uns von **Ochsenfurt** über viele kleine Orte in die Stadt Aub bringen wird. Die Wegmarkierungen durch die Jakobsmuschel sind zunehmend leichter zu entdecken; nur beim Abschnitt Rittershausen–Bolzhausen muss man Acht geben, um den Weg sicher zu finden.

Von der Alten Mainbrücke in Ochsenfurt führt der Weg geradeaus, dann nach rechts unter dem Klingentor aus dem Ort heraus. Wir gehen durch die Tückelhäuser Straße bis zu einer Unterführung auf der linken Seite. Unter dem linken Brückenbogen hindurch gelangen wir zur Trasse der ehemaligen Gaubahn hinauf, wenden uns dort nach rechts und folgen der jetzt als Fuß- und Radwanderweg genutzten früheren Bahntrasse durch eine waldige Gegend nach **Tückelhausen**. Weiter geht es auf dem Gaubahnweg über **Acholshausen** und **Gaukönigshofen** bis nach Rittershausen.

Nach insgesamt zehn Kilometern auf der Bahntrasse wenden wir uns bei **Rittershausen** nach links und gelangen durch die Otto-Menth-Straße zur Kirche. Dort biegen wir rechts ab und verlassen den Ort auf der Straße nach Bolzhausen, dessen Kirchturm wir schon schräg links vor uns sehen. Etwa 800 Meter hinter dem Dorfausgang geht es rechts in einen Feldweg und gleich darauf links weiter, bis wir Bolzhausen erreichen. Dort halten wir uns zunächst links und überqueren dann nach rechts eine kleine Brücke und gelangen so zur Kirche. Die Kirche im Rücken überqueren wir die Straße vor uns und stoßen (uns etwas rechts haltend) gerade auf den Friedhof, den wir rechts liegen lassen, und gelangen auf einen befestigten Feldweg, wo wir uns nach rechts wenden. Auf diesem Weg geht es durch die Felder, an einer Weggabelung mit Bank und Bildstock nach rechts, etwa zwei Kilometer weiter, bis rechts ein Weg abzweigt. Dort biegen wir rechts ab und halten auf das Dorf Osthausen zu (wichtig: keine Markierung direkt an der

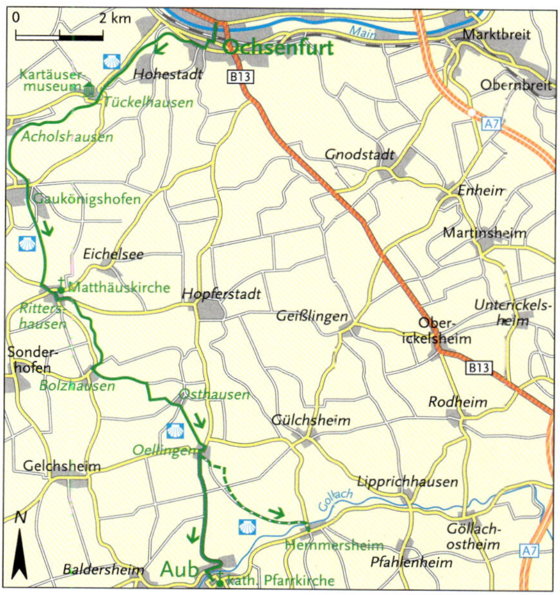

Abzweigung, sondern erst 20 Meter weiter auf einem Pfeiler, von der Abzweigung aus kaum zu erkennen). Vor den ersten Häusern von Osthausen halten wir uns rechts und biegen dann nach einem kleinen Weiher links zur Kirche ab. Nach der Kirche wieder nach rechts und bei der nächsten Gelegenheit nach links, wieder auf einem befestigten Pfad entlang der Stromleitungen die anderthalb Kilometer nach **Oellingen**. Dort gehen wir rechts auf der Hauptstraße auf die Kirche zu und dann geradeaus weiter auf die Straße nach Aub. Auf der Landstraße wandern wir die drei Kilometer nach **Aub** hinein.

Das gibt's zu sehen

Von Ochsenfurt bis nach Rittershausen geht der Weg über die ehemalige Ochsenfurter Gaubahn, die kurz vor der Jahrtausendwende stillgelegt und zu einem Radwanderweg ausgebaut wurde. Originale Bahnzeichen am Wegrand erinnern heute noch an die frühere Nutzung der Trasse, und Texttafeln informieren die Wanderer über Geschichte und Hintergründe der Gaubahn. Anfangs führt der Weg unweit der Landstraße durch eine waldige Gegend, die vor allem im Sommer angenehmen Schatten bietet und im Frühjahr in einem beeindruckenden Teppich aus Maiglöckchen erstrahlt.

Tückelhausen, das erste Dorf auf der Strecke, bietet an Interessantem vor allem das 1991 eröffnete Kartäusermuseum.

Jakobspilger auf dem Weg nach Bolzhausen

St. Matthäuskirche in Rittershausen – Pracht im Empire-Stil

Über Geschichte, Lebensweise und Glauben der Kartäuser informiert die Sammlung im Erdgeschoss, die auch einen Band mit den Ordensstatuten aus dem 16. Jahrhundert enthält. Zwischengeschoss und Bibliothekssaal beherbergen dagegen Arbeiten des 20. Jahrhunderts, Gemälde, Plastiken und Glasfensterkunst von über 20 Künstlern, die sich von ihrem zeitspezifischen Hintergrund aus mit religiösen Themen auseinandergesetzt haben.

Der Gaubahnweg führt hinter Tückelhausen durch das landschaftlich schöne Thierbachtal und nach **Acholshausen**. Leider erinnern nur Hinweistafeln an die einstigen Schätze des Ortes: Der 1970 gefundene Bronzekultwagen aus der Zeit von 1000 v. Chr. ist heute als ein wertvolles Ausstellungsstück im Mainfränkischen Museum in Würzburg zu sehen, desgleichen die »Acholshäuser Madonna« von Tilman Riemenschneider. Zum Greifen nah ist hingegen der Acholshausener Abenteuerspielplatz, der direkt neben dem Wanderpfad liegt und mit seinem breiten Spielangebot für Kinder allemal einen Aufenthalt wert ist.

In **Gaukönigshofen** kann man die aus dem 18. Jahrhundert stammende Schutzengelkirche am nordwestlichen Ortsrand und in der Ortsmitte das schöne Renaissance-Rathaus von 1607 ansehen. Hinter Gaukönigshofen befindet sich linker Hand auch ein »Arche Noah Streichelgehege«, in dem Esel, Ponys, Hängebauchschweine, verschiedene Vögel – insgesamt über 80 Tiere – angeschaut, gefüttert und gestreichelt werden können.

In **Rittershausen** lohnt ein Besuch der Matthäuskirche, einer besonders schönen Vertreterin des seltenen Empire-Stils mit einem beeindruckend harmonischen Gesamtbild von Haupt- und Nebenaltären. Durch ein kurioses Versehen mit den römischen Ziffern im Zuge der Renovierung dürfte es sich auch um die einzige bekannte Kirche handeln, deren Kreuzweg mit einer sechzehnten Station aufwarten kann. Den Schlüssel gibt es im Pfarrhaus.

Direkt in der Stadt **Aub**, die im Mai 2004 im großen Stil mit 500 geladenen Gästen ihre 600-Jahr-Feier beging, begegnet uns in der katholischen Pfarrkirche mit ihrem barocken Hochaltar wieder ein Werk Tilman Riemenschneiders – eine Kreuzigungsgruppe aus Lindenholz. Etwas abseits im Stadtteil Baldersheim (etwa zwei Kilometer westlich von Aub) liegt die Ruine Reichelsburg, die im Bauernkrieg 1525 zerstört wurde.

Adressen und Öffnungszeiten:

Kartäusermuseum Tückelhausen, Konventstraße 3, 97199 Ochsenfurt-Tückelhausen, Tel. 0 93 31/38 66 56 00, Mai–Okt: Sa, So und Fei 14.00–17.00, Eintritt: 2,00 €, ermäßigt 1,50 €

Streichelgehege Arche Noah, Gaukönigshofen, Informationen Dieter Glöser, Tel. 0 93 37/7 64, offen den ganzen Tag, 2,00 €

Einkehr (E):

»Zur Gaubahn«, Hauptstraße 32, 97253 Gaukönigshofen, Tel. 0 93 37/4 14, Di–Sa ab 17.00, So ab 10.00, Mo Ruhetag

»Goldenes Lamm«, Familie Gottschlich, Marktplatz 6, 97239 Aub, Tel. 0 93 35/9 01 06, www.goldenes-lamm.de, Mo–Fr 11.00–14.00 und ab 18.00, Sa, So ab 11.00 (reichhaltige Weinkarte und vegetarisches Angebot)

Übernachtung (Ü):

Nur für Jakobuspilger in Gaukönigshofen im neu renovierten Schutzjudenhaus, Am Königshof 14a, 97253 Gaukönigshofen, Kontakt: Hotel Zehnter, Julius-Echter-Str. 1, 97253 Gaukönigshofen, Tel. 0 93 37/97 10-0, falls nicht erreichbar Familie Wolf,

Am Königshof 11, 97253 Gaukönigshofen, Übernachtung ab 5,00 € p. P, mit Frühstück 10,00 € (siehe auch www.gaukoenigshofen.de/rundgang.htm, Stichwort: Jakobspilger)

»Goldenes Lamm«, siehe Einkehr, Doppelzimmer ab 45,00 € (mit viel Holz eingerichtete Nichtraucherzimmer)

»Weißes Ross«, Marktplatz 2, 97239 Aub, Tel. 0 93 35/2 87, Zimmer ab 20,00 € p. P., www.gasthof-weisses-ross.de (seit 1604 im Familienbesitz, Rindfleisch aus eigener Erzeugung)

Verkehrsanbindung/Rückfahrt (V):

Aub, Gollachbrücke–Ochsenfurt, Bhf: ca. 45 Min. mit Bus 8084, nur bis 18.00, sonst eher umständlich

Aub–Würzburg: ähnlich umständlich und kaum zu empfehlen

Informationen:

Gemeinde Gaukönigshofen,

Gemeinde Stadt Aub, Marktplatz 1, 97239 Aub, Tel. 0 93 35/ 9 71 00, www.stadt-aub.de

Donnerbruder Jakob

Jakobus war einer der jungen Fischer am See Genezareth, die sich Jesus als Erste angeschlossen hatten. Zusammen mit seinem Bruder Johannes, mit Petrus und dessen Bruder Andreas gehörte er sozusagen zum engsten Kreis um Christus, war bei dessen Verklärung zugegen und im Garten Gethsemane. Ihrer Hitzigkeit wegen hatte Jesus ihn und Johannes »Donnersöhne« genannt. Bei Lukas ist eine Szene überliefert, in der Jakobus Feuer und Vernichtung auf die Leute herabwünschen möchte, die sie, die Jünger, nicht hatten aufnehmen wollen.

Nach Christi Tod soll er in der Gegend von Samaria und in Jerusalem gepredigt haben, bis ihn um 44 n. Chr. König Herodes Agrippina enthaupten ließ. Anlass war, so sagt es die »legenda aurea«, die Auseinandersetzung mit dem populären pharisäischen Zauberer Hermogenes, den Jakobus besiegt und schließlich sogar zum Christentum bekehrt hatte. Und noch auf dem Weg zur Richtstätte hatte Jakobus die Chuzpe, einen Lahmen zu heilen und den Schriftgelehrten Josias, der ihn am Strick führte, zu bekehren und zu taufen, was Letzteren allerdings ebenfalls den Kopf kostete.

Wie kommt nun aber dieser Jakobus von Palästina nach Spanien? Einer Legende nach war er in den Jahren nach Jesus' Tod nach Spanien gegangen, um dort zu missionieren, kehrte aber aufgrund geringer Erfolge nach Jerusalem zurück. Nach seinem Märtyrertod wurde er zunächst in einem Kloster auf dem Sinai begraben. Von dort wurden seine Gebeine vor den Sarazenen schließlich nach Spanien in Sicherheit gebracht. Eine andere Legende besagt, seine Jünger hätten seinen Leichnam sogleich nach der Hinrichtung an die Meeresküste getragen und dort in ein Schiff gelegt, das ihn von Engeln geleitet – oder in einer anderen Überlieferung von einem Schwanenweibchen gezogen – nach Galizien brachte.

Spanische Quellen berichten über weitere Wunder: Etwa, dass der Steinblock, auf den der tote Heilige nach seiner Landung gelegt wurde, wie Wachs unter ihm nachgegeben und sich von selbst zum Sarkophag geformt hätte, dass wilde Stiere sich in die zahmen Ochsen verwandelt hätten, die den Wagen mit dem Sarkophag an die Stelle zogen, an dem später die Wallfahrtskirche von Santiago de Compostela (übersetzt: Jakob vom Sternenfeld) gebaut wurde. In anderen Quellen musste vor dem Bau der Kirche im 9. Jahrhundert erst noch das Grab des Heiligen wiedergefunden werden: Einmal heißt es, Engel hätten dem Einsiedler Pelagius den Aufenthalts-

St. Jakob in Bamberg – Kirchenpatron mit Wanderstab

ort des Heiligen verkündet, ein andermal war es ein übernatürliches Licht. Es gibt sogar eine Legende, in der Kaiser Karl der Große Jakobs Grab entdeckte. Aufmerksam geworden auf eine Sternenstraße, die vom Friesischen Meer bis nach Galizien zeigte, und im Traum von Jakobus selbst aufgefordert, gegen das ungläubige Heidenvolk, zur »Befreiung seiner Straße« und »zum Besuch seines Grabes« nach Spanien zu ziehen, machte er sich tatsächlich auf den Weg nach Santiago ...

Unzählige weitere Legenden ranken sich um den hartnäckigen Apostel. Bis heute hat sich in Spanien jene erhalten, wonach der tote Heilige 843 n. Chr. hoch zu Ross, mit Banner und Schwert, in die Schlacht von Clavigo eingegriffen und den Sieg über die Mauren davon getragen haben soll, was ihm den Beinamen »Matamoros« (Maurentöter) einbrachte.

Jakobus wird dargestellt als Apostel mit Buch oder Rolle, als Pilger mit Hut, Stab und Muschel, als Ritter mit Schwert und weißem Pferd. Er ist der Patron der Pilger und Wallfahrer, der Krieger, Lastenträger, Hutmacher, Wachszieher, Apotheker u. a., er ist zuständig für das Wetter und das Gedeihen der Äpfel und Feldfrüchte und hilft gegen Rheumatismus.

Nikola Stadelmann

15 Von Bildstöcken und Kartoffeläckern

Die Kulturlandschaft zwischen Aub und Uffenheim

Aub (E Ü V) – Hemmersheim – Pfahlenheim – Gollachostheim (Ü) – Jörgleinsmühle – Uffenheim (E Ü V)

- 17 km
- Schöne Strecke durch offene Kulturlandschaften
- Im Sommer kaum Schatten, also Sonnenschutz nicht vergessen
- Achtung zwischen Jörgleinsmühle und Uffenheim – problematische Markierung!

Hier geht's lang

Dieser Wegabschnitt führt uns – meist durch offene Kulturlandschaften – von Aub in die geschäftige Kleinstadt Uffenheim. Obwohl **Aub** ursprünglich nur als »Abstecher« von den Jakobspilgern angesteuert wurde, ist der Weg mittlerweile von dort aus auch mit der Jakobsmuschel markiert. Wir gehen in Aub rechts am Rathaus vorbei, durch die Harbachstraße und, nachdem wir einen alten Turm und eine Erinnerungstafel an den ehemaligen Jüdischen Friedhof passiert haben, geradeaus auf einem schmalen Pfad weiter, der zu einem mit »Landschaftsschutzgebiet« gekennzeichneten Flurweg führt. Vor **Hemmersheim** trifft unser Weg auf die von Gülchsheim kommende Straße; wir wenden uns nach rechts, passieren die außerhalb liegende lutherische Pfarrkirche St. Kilian aus dem Jahre 1650 und biegen im Dorf links in die Hauptstraße ein, die uns an der St.-Eucharius-Kirche vorbei zum Ortsende bringt. Auf Höhe der Feuerwehr geht es rechts auf eine Landstraße, die uns direkt nach **Pfahlenheim** führt.

Im Ort gehen wir an der Kirche vorbei, biegen rechts in die Ringstraße und kommen gleich darauf links über eine kleine Brücke aus dem Dorf hinaus. An einer kleinen Kapelle vorbei geht es auf einem grasigen Pfad geradeaus weiter (nicht rechts gehen, auch wenn geradeaus die Muschelmarkierung an den Bäumen ziemlich verwittert aussieht). Wenn das Dorf **Gollachostheim** schon in Sicht ist, halten wir uns an den Feldweg links, um die Straße zu vermeiden, und kommen den Kirchturm schon im Blick, in den Ort. An der Kirche vorbei gelangen wir zur Dorfstraße und wenden uns nach rechts, biegen aber kurz vor Ortsende (hinter dem Haus Nr. 8) links auf einen kleinen geteerten Weg ein, dann vor der Scheune rechts auf einen Rad- und Wanderweg, der uns nach **Jörgleinsmühle** führt. Wir überqueren, uns vor dem letzten Haus nach links wendend, die Gollach und unterqueren kurz darauf rechts die Autobahn. Wir folgen dem Weg eine Zeit lang, aber nun ist Vorsicht geboten: Vor einem einzeln stehenden Baum müssen wir einen schmalen grasigen Pfad nach rechts nehmen. Zwei große gelbe Jakobsmuscheln und Pfeile auf dem Betonpfad zeigen die richtige Stelle an, sie sind aber relativ leicht zu übersehen, also Achtung. Nun wandern wir links der Gollach durch Wiesen und Felder, kreuzen einmal eine geteerte Straße, überqueren die Gollach auf der zweiten Brücke, zu der wir gelangen, und gehen nun rechts vom Fluss weiter. Hinter

Gotteslamm-Bildstock (1694) bei Aub

einem Wäldchen geht es kurz nach rechts, dann links auf einen befestigten Flurweg, der uns schließlich zur B 13 bringt, deren Verlauf wir weiter auf dem Teerweg folgen, bis wir nach **Uffenheim** gelangen. Durch das Würzburger Tor kommen wir direkt in die Altstadt, wo diverse Gastronomiebetriebe zur Rast einladen.

Das gibt's zu sehen

Ehe wir **Aub** verlassen, ist es ratsam, einen Zwischenstopp in der Bäckerei Aulbach, die wir ohnehin passieren müssen, einzulegen, um Proviant zu besorgen: Auch auf dieser Strecke sind die Einkehrmöglichkeiten wieder äußerst dünn gesät. Dafür bietet der Weg auch einige Sehenswürdigkeiten und führt uns durch landschaftlich schöne, offene Kulturlandschaften, die das Wandern zu einer Freude machen. Auffallend sind die vielen Bild- und Gedenkstöcke, an denen wir auf unserem Weg vorbeikommen. Kurz bevor wir Aub verlassen, passieren wir einen Gotteslamm-Bildstock aus dem Jahr 1694, der mit seiner reichen, barocken Farbigkeit einen starken Kontrast zu den meist steinernen Bildstöcken bildet.

In **Hemmersheim** kommen wir an der (leider oft geschlossenen) evangelischen Pfarrkirche St. Kilian vorbei, die mit ihrer abgeschiedenen Lage am Ortsrand inmitten eines alten Friedhofes dennoch zu einer kurzen Pause einlädt (gleich daneben gibt es einen kleinen Kinderspielplatz für die Kleinen). Auf der Hauptstraße begegnen uns beeindruckend große Fachwerkhäuser aus dem 18. und 19. Jahrhundert und ein weiterer Bildstock, hier mit dem Motiv der Krönung Mariens. Keinesfalls sollte man an der katholischen Kirche St. Eusebius vorbeigehen, ohne einen Blick hineinzutun. Der Rokoko-Altar dieses spätbarocken Gotteshauses ist ein außergewöhnliches, dramatisch wirkendes Kunstwerk, das man gesehen haben sollte.

Am Ortseingang von **Pfahlenheim** weist uns ein Schild nach links, wo im Gebüsch die Ottilienquelle entspringt. Der Quelle werden heilende Kräfte vor allem bei Augenleiden zugesprochen; das Wasser ist trinkbar, und in jedem Falle lohnt sich ein Blick auf den gemauerten Ausgang der von Büschen überschatteten Quelle, der geheimnisvoll und fast etwas unheimlich wirkt und die alten germanischen und noch älteren keltischen Ursprünge des Ottilienkults wie ein leises Echo mitzutragen

Die Ottilienquelle bei Pfahlenheim

scheint. Der Heiligen Ottilie und dem Patron unserer Pilgerfahrt, Jakobus, begegnen wir am Ortsausgang wieder, wo eine kleine neu errichtete Kapelle die Figuren der beiden Heiligen zeigt. Danach gibt es allerdings auf unserem Wege, der nun an der Gollach entlang führt, außer Feldern und Wiesen nicht mehr viel zu entdecken, bis wir **Uffenheim** erreichen.

Die evangelische Johanniskirche, die mit einer wechselhaften Geschichte aufwarten kann, prägt durch ihre beherrschende Lage auf einem Hügel den Anblick der Stadt. Die jetzige Inneneinrichtung zeugt von einer ungewöhnlich gut gelungenen Verbindung von Tradition und Moderne. Der schlichte, alttestamentlichen »Bauanweisungen« nachempfundene Altar, der bronzene Taufstein, der die Weltkugel zeigt, und die interessante Kanzel, die das Fischnetz Petri darstellt, bilden ein stimmiges modernes Ensemble in der im Barockstil neu erbauten Kirche.

Adressen und Öffnungszeiten:

Ferienhof Eulennest, Familie Kleinschroth, Kirchplatz 1, 97258 Gollachostheim, Tel. 0 98 48/4 18, www.ferienhof-kleinschroth.de (hier gibt es auch den Schlüssel für die Kirche in Gollachostheim; müde Wanderer sind zum Ausruhen eingeladen)

Johanniskirche Uffenheim, Tel. (Dekanat) 0 98 42/9 36 80, Apr–Sep: tägl. 8.00–20.00, Okt–März: tägl. 8.00–17.00, www.dekanat-uffenheim.de

Heimatmuseum Uffenheim (Gollachgaumuseum), Schlossplatz 5, 97215 Uffenheim, Info unter Tel. 0 98 42/93 66 46, letzter So im Apr–2. So im Okt: 13.30–16.00

Einkehr (E):

»Bäckerei Café Aulbach«, Harbachstraße 8, 97239 Aub, Tel. 0 93 35/4 07, Mo 6.00–13.00, Di–Fr 6.00–18.00, Sa 6.00–14.00, So 9.00–12.00 und 13.00–18.00

»Geupel's Grüner Baum«, Marktplatz 14, 97215 Uffenheim, Tel. 0 98 42/9 83 10, Mo–So 11.00–14.00 und 17.30–22.00 (neben fränkischen und internationalen Speisen sind »Ritteressen« eine Spezialität des Grünen Baumes, Info und Vorbestellungen unter www.ritteressen.de)

»Pizzeria Calabria«, Marktplatz 17, 97215 Uffenheim, Tel. 0 98 42/79 15, Fr–Mi 11.00–14.00 und 17.00–24.00,

Do Ruhetag (schmackhafte italienische Gerichte zu angemessenen Preisen)

Übernachtung (Ü):

»Geupel's Grüner Baum«, siehe Einkehr, Zimmer ab 20,00 € p. P. inkl. Frühstück, Sauna und Solarium im Haus

»Eurohotel 24«, Am Bahnhof 4, 97215 Uffenheim, Tel. 0 98 42/9 36 50, www.eurohotel24.com, Zimmer ab 30,00 € p. P. (Internetanschluss, Fax, Haustiere auf Anfrage)

Verkehrsanbindung/Rückfahrt (V):

Uffenheim–Würzburg: stdl. mit der Regionalbahn

Uffenheim–Aub, Gollachbrücke: ca. 35-45 Min. mit RB 3418 nach Ochsenfurt und Bus 8084 nach Aub

Extras:

Freibad Stadt Uffenheim, Sportplatz 1, 97215 Uffenheim, Tel. 0 98 42/82 57

Informationen:

Fremdenverkehrsamt Uffenheim, Marktplatz 16, 97215 Uffenheim, Tel. 0 98 42/2 07 21, Mo, Di, Do 8.00–12.00 und 14.00–15.30, Mi, Fr 8.00–12.00, www.uffenheim.de

16 Wie herrlich leuchtet mir die Natur

Wald- und Wiesenweg von Uffenheim nach Steinsfeld

Uffenheim (E Ü V) – Custenlohr (E) – Endsee (E Ü) – Steinsfeld (E Ü V)

- 18 1/2 km
- Abwechslungsreiche, noch immer gut zu bewältigende Strecke
- Viele unbefestigte Wald- und Wiesenwege
- Natur im Überfluss, aber sonst wenige Optionen

Hier geht's lang

Die Zivilisation verlieren wir auf diesem Streckenabschnitt zeitweise ganz aus den Augen. Sie macht einsamen Wald- und Wiesenwegen Platz, die stille, naturnahe Wanderstunden garantieren. Die Muschelmarkierungen sind auf diesem Abschnitt weitgehend nachvollziehbar angebracht, aber im Gras oder an Zäunen nicht immer ganz leicht zu entdecken.

Die Pfarrkirche St. Maria in Steinsfeld

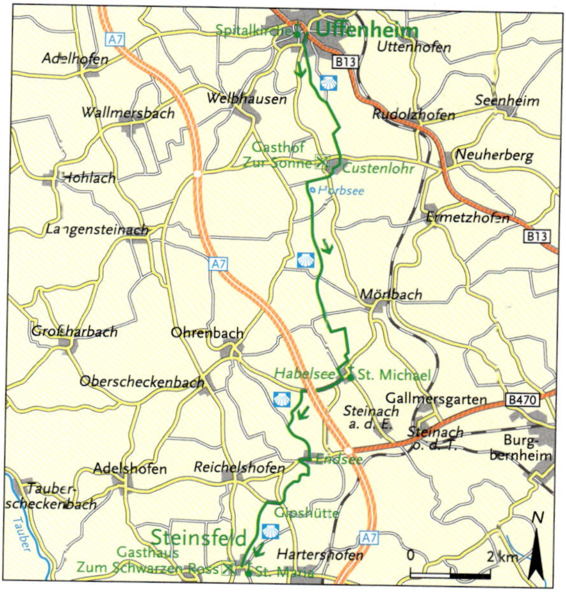

In **Uffenheim** gehen wir den Marktplatz hinunter, nach der Spitalkirche links und sofort wieder rechts, durch das Ansbacher Tor hindurch und halten uns dann rechts. Bei einer Wandertafel biegen wir rechts in die Krankenhausstraße ein und folgen ihr bis zu einem Wanderweg, der über die Felder in den Wald führt. Nach etwa zwei Kilometern im Wald biegen wir nach einem Zaun auf der linken Seite nach links ab (Achtung: Die Markierung befindet sich erst ein paar Meter weiter auf dem abzweigenden Weg). Der Pfad wird zu einem betonierten Weg, der direkt in das winzige Dorf **Custenlohr** hinein und nach rechts zur Kirche führt. Beim Kriegerdenkmal steigen wir über eine Treppe zur Kirche hinauf, gehen durch den Friedhof (durch die Tore), dann rechts am Dorfrand entlang, über die Straße (uns etwas links haltend) und dann nach rechts auf einen befestigten Feldweg, auf dem wir bald darauf links auf einen Grasweg abbiegen (Markierung schwer sichtbar im hohen Gras).

Wir passieren den links liegenden Horbsee und ein rechts liegendes Waldstück und biegen, wenn wir die Straße erreicht haben, rechts ab. Nach einer Wiese mit Obstbäumen geht es wieder links auf einen Grasweg, der am Waldrand entlang führt, eine Art S-Kurve (links, rechts) vollführt und dann gerade auf einen befestigten Weg am Waldrand stößt. Am Ende des Weges, nach einem Jägerstand und einer Böschung auf der rechten Seite (Markierung stark verwittert), biegen wir nach rechts ab und folgen dem Weg im Linksbogen am Waldrand entlang, wenden uns auf dem bald erreichten betonierten Pfad nach links und biegen kurz vor dem Ende des Waldes rechts in den Wald ein. Bei der nächsten Abzweigung wenden wir uns nach links und kommen wieder aus dem Wald heraus, der links noch weitergeht und die Erdwälle der einstigen Rothenburger Landhege verbirgt. Am Ende des Gehölzes biegen wir rechts in einen Feldweg ein, der bald darauf auf einen rechts bereits sichtbaren befestigten Weg stößt. Dort biegen wir nach links ab und folgen dem Weg direkt bis nach Habelsee, einem weiteren verschlafenen Ort mit Fachwerkhäusern.

In **Habelsee** biegen wir an der Hauptstraße nach rechts ab, hinter dem Dorf folgen wir dem Wegweiser nach links nach Endsee. Die Straße führt unter der Autobahnbrücke hindurch, und einen halben Kilometer weiter geht es rechts auf einen Feldweg, der nach Endsee führt. In **Endsee** auf der Hauptstraße nach links, dann in mehreren Kehren steil hinauf in den Wald und dort an der Gabelung rechts auf dem geraden Weg weiter. An einer Kreuzung von drei Wegen biegen wir nach links (aber nicht ganz links auf den unbefestigten Weg) ab und folgen der Markierung mit der Muschel zuletzt links durch ein Waldstück

Panorama um Steinsfeld

zur Landstraße hinunter. Auf den letzten paar hundert Metern kann von einem Pfad eigentlich nicht mehr die Rede sein; wir folgen einfach den Muschelmarkierungen, die hier in Sichtweite voneinander an den Baumstämmen angebracht sind. Haben wir den Wald hinter uns gelassen, kommen wir über eine Wiese zur Landstraße und halten uns links. Wir passieren einen kleinen Weiler (Gipshütte) und biegen kurz darauf nach rechts auf die von Reichelshofen herführende Straße ein. Nach einigen hundert Metern verlassen wir diese Straße, um links auf einem sehr schönen befestigten Weg durch die Felder direkt nach **Steinsfeld** zu gelangen.

Das gibt's zu sehen

Natur im Überfluss umgibt uns auf der Strecke nach Steinsfeld. Das Grün beginnt gleich hinter Uffenheim in dem schönen Mischwald. Eine Zeit lang begleiten uns die Tafeln eines Naturlehrpfads mit Informationen über Fauna und Flora des Waldes, ehe wir wieder kurze Zeit in die Zivilisation zurückkehren. **Custenlohr**, der erste der winzigen Orte, die auf diesem Streckenabschnitt liegen, wird in schriftlichen Quellen erstmals zu Beginn des 14. Jahrhunderts erwähnt, archäologische Zeugnisse – Tierknochen und Tonscherben – lassen aber auf die älteste uns bisher bekannte Siedlung im Mittelfränkischen schließen und sind auf das Jahr 5500 v. Chr. datiert.

Wir gehen am Kriegerdenkmal vorbei und durch den Friedhof hindurch und nutzen bei schönem Wetter die Gelegenheit zu einem Picknick auf dem weiteren Weg: Am Ufer des Horbsees zum Beispiel oder später am Waldrand neben den Überresten der Rothenburger Landhege. Bis zu 20 Meter breit und insgesamt 60 Kilometer lang war die Sicherungslinie aus Erdwällen, Wassergräben und Hecken, mit der Rothenburg zwischen 1420 und 1480 sein Hoheitsgebiet, die so genannte Landwehr umgab, um das Reichsstädtische Territorium zu schützen. Halb vom Wald verborgen können wir links die Überreste dieser imposanten Verteidigungsanlage und auf der anderen Seite einen alten Grenzstein mit dem verwitterten Wappen der Reichsstadt Rothenburg entdecken, die beide allerdings nicht leicht zu finden sind.

In dem nächsten Ort auf unserer Strecke, **Habelsee**, gibt es einige schöne Fachwerkhäuser, ein mittelalterliches Steinkreuz und die evangelische Pfarrkirche St. Michael zu sehen. Habelsee gehört mit fünf weiteren Ortsteilen zu der Gemeinde Ohrenbach, der kleinsten Gemeinde Bayerns. Nicht auf unserer Strecke liegt das Schloss Habelsee, dessen Geschichte bis ins Jahr 1000 n. Chr. zurückreicht und auf dem heute Konzerte und andere kulturelle Veranstaltungen stattfinden. Von Habelsee nach Endsee geht es teilweise über die Landstraße. Durch den uns lange folgenden Autobahnlärm kann es dieser Weg mit den anderen, was Stille und Naturgenuss betrifft, nicht aufnehmen. Anders der letzte Abschnitt nach **Steinsfeld**, der uns erst wieder durch einen weiteren schönen Mischwald bringt und zuletzt mit herrlichen Ausblicken über das Land nach Steinsfeld hineinführt. Kurz vor dem Ort kommen wir auf dem bequemen Betonweg an einer Sitzgruppe vorbei, die nochmals zu einer beschaulichen Rast einlädt, den Kirchturm von Steinsfeld bereits in Sicht. Das Gasthaus »Zum schwarzen Ross« – beheimatet in einem 200 Jahre alten Fachwerkhaus – vereint Bauernhof, Kulturscheune und ländliches Ambiente aufs Beste, und mit etwas Glück findet in der zum Haus gehörigen Zehntscheune gerade ein Konzert oder Theaterstück statt.

Adressen und Öffnungszeiten:

Schloss Habelsee, 91620 Ohrenbach/Habelsee, Tel. 0 98 43/14 36

Einkehr (E):

»Zur neuen Welt«, Rothenburger Straße 17, 91628 Steinsfeld, Tel. 0 98 61/32 24, Mo–So 11.00–22.00

Zehntscheune Steinsfeld/»Zum Schwarzen Ross«, Am Dorfplatz 1, 91628 Steinsfeld, Tel. 0 98 61/9 49 10, www.zehntscheune.info, tägl. (nur Brotzeit)

Übernachtung (Ü):

Zehntscheune Steinsfeld/»Zum Schwarzen Ross«, siehe Einkehr, Zimmer ab 24,00 € p. P. (preiswert und dabei gemütlich und erholsam)

Verkehrsverbindung/Rückfahrt (V):

Steinsfeld–Uffenheim: sehr kompliziert; Sammeltaxi z. B. unter Tel. 0 98 61/20 00 oder 72 27

Informationen:

Gemeindeverwaltung Steinsfeld, Schulstraße 9, 91628 Steinsfeld, Tel. 0 98 61/35 61, www.steinsfeld.de

Naturidylle und Mittelalterromantik

Von Steinsfeld nach Rothenburg

Steinsfeld (E Ü V) – Rothenburg o. d. Tauber (E Ü V)

- 8 km
- Landschaftlich wunderschöne Strecke
- Viele unbefestigte Graspfade und eine steile, aber nicht allzu lange Steigung

Hier geht's lang

Der letzte Wegabschnitt vor Rothenburg liegt vor uns, und trotz der Kürze der Strecke gibt es allerhand zu sehen. Besonders die Landschaft auf diesem Wegabschnitt ist noch einmal beeindruckend in ihrer Unberührtheit und Schönheit. Der ganze Weg ist durch die Jakobsmuschel sehr gut markiert; nur an zugewachsenen Stellen ist die Markierung nicht immer sofort zu entdecken.

Hinter der Kirche von **Steinsfeld** biegen wir an der Hauptstraße links ab und wandern die Straße hinunter. Nach einer kleinen Brücke geht es nach rechts auf eine Straße, der wir folgen (einen links und einen rechts abzweigenden Weg ignorierend) und die in einem weiten Linksbogen erst auf eine Anhöhe führt, dann in eine Talmulde. Dort geht es kurz nach rechts, dann wieder nach links auf einen Feldweg, weiter bis zu einer Straße, auf der wir uns nach rechts wenden, um nach 200 Metern wieder links abzubiegen.

Jetzt führt der »Weg« durch das Gras des Naturschutzgebietes Lindleinsee, wo wir uns an einem Schilfgürtel rechts halten und auf einem wild überwucherten Pfad, den See zur Linken, weitergehen. Wo geradeaus ein Schild »Privatweg« steht, geht unser Weg rechts an einem Baumgürtel und dahinter wieder links weiter, bis wir auf die Straße nach Rothenburg stoßen und gegenüber eine Töpferei sehen. Hier überqueren wir die Straße, wenden uns nach links und biegen kurz darauf nach

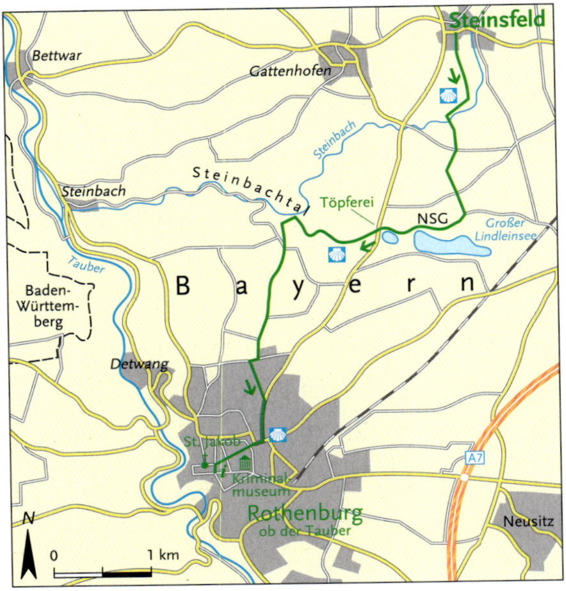

rechts auf einen Wanderweg ein, der am romantischen Steinbach entlang durch den Wald führt.

An der einzigen Abzweigung halten wir uns links und steigen, nunmehr den Bachlauf verlassend, steil durch den Wald hinauf und aus dem Wald heraus. An einem Brunnen geht es rechts auf der geteerten Straße weiter, die direkt nach **Rothenburg** führt. Nach einem Schießstand biegen wir rechts in die Paul-Finkler- und kurz darauf links in die Ernst-Geißendörfer-Straße ein, die an der Ampel in die Würzburger Straße übergeht und zum Würzburger Tor auf der rechten Seite führt. Durch die Galgengasse gelangen wir endlich in die berühmte Altstadt von Rothenburg. Obwohl man sich in der Kleinstadt kaum verlaufen kann, biegen wir, durch die Galgengasse und die Georgengasse gehend, am besten zuerst links in die Schmiedsgasse zum Marktplatz ab, wo auf der rechten Seite die Tourist-Information im Gebäude der alten Ratstrinkstube untergebracht ist, um uns mit Informationen und Stadtplänen zu versehen. Andernfalls gelangen wir durch die Georgengasse direkt auf den Kirchplatz und zur evangelischen St.-Jakob-Kirche.

Das gibt's zu sehen

Auf dem letzten Wegabschnitt von Steinsfeld nach Rothenburg wird sich der Wanderer vielleicht über die landschaftliche Schönheit und Unberührtheit des Weges wundern, der an Idylle, Romantik und abwechslungsreicher Szenerie sogar noch mehr zu bieten hat als die bisherigen Strecken – und das bis an die Stadtgrenze: zunächst die weite, geordnete Kulturlandschaft bestellter Felder hinter Steinsfeld, abgelöst von der völligen Abgeschiedenheit und Stille des Naturschutzgebietes um den Lindleinsee, dann der Weg durch das herrliche Steinbachtal, begleitet vom Plätschern des Baches, überschattet vom Wald, und zuletzt, ehe wir auf den geschäftigen Straßen Rothenburgs ankommen, noch ein Ausblick auf Felder und Wiesen.

Einen Besuch lohnt die Töpferei an der Straße nach Rothenburg zwischen Naturschutzgebiet und Waldweg. Im ehemaligen Zollhaus erwarten den Besucher kunstvoll gefertigte und künstlerisch ausgestellte Töpferwaren von der Allzwecktasse über den Blumentopf nach alten Mustern und Arbeitsweisen bis zu kompletten Geschirrserien. Auch ein Pilgerbecher mit Muschelmotiv, dessen Kauf die Renovierung der Jakobskirche in Rothenburg unterstützt, ist im Angebot.

Nach langen Märschen durch weitgehend unberührte Natur und winzige Dörfer mag uns Pilgern sogar **Rothenburg**

Im Naturschutzgebiet Lindleinsee vor Rothenburg

Das Rödertor in Rothenburg

als große und vor allem laute Stadt erscheinen; aber auf seine Weise ist der Stadtkern mit seinen gepflasterten Straßen, Türmchen, Toren und Fachwerkhäusern vom Alltag der Autos, Verkehrsampeln und Leuchtreklamen ebenso weit entfernt wie die unversiegelten Wanderpfade, auf denen wir zu Fuß hierher gelangt sind. Das berühmte Käthe-Wohlfahrt-Weihnachtsdorf steht ebenso wie die Pferdekutschen, in denen die Besucher sich auf Stadtrundfahrt begeben können, für die zeitlose Unwirklichkeit des mittelalterlichen Städtchens.

Mittelalterliche Wirklichkeit hat dagegen das Kriminalmuseum zu bieten, das 1000 Jahre Rechtsgeschichte hautnah erlebbar werden lässt. Für diejenigen, denen die graphische Darstellung alter Ehrenstrafen und der Anblick mittelalterlicher Folterwerkzeuge zu drastisch sind, bringt das Alt-Rothenburger Handwerkshaus von 1260 dem Besucher in elf original eingerichteten Räumen mittelalterliches Leben und Handwerk nahe.

Zur Stärkung zwischendurch empfehlen sich dem Wanderer die traditionellen Rothenburger Schneeballen, die es in verschiedensten Varianten von Zimt und Schokolade bis hin zu Nougat und Cognac zu kaufen gibt.

Obligatorisch ist natürlich der für Pilger kostenlose Besuch der Jakobuskirche. Zur besonderen spirituellen Begleitung wird Pilgern dort die Erteilung des Pilgersegens oder einer kurzen Andacht durch Gäste- und Touristenpfarrer Oliver Gussmann angeboten. Von größter kunsthistorischer Bedeutung in diesem zwischen 1311 und 1485 errichteten Gotteshaus ist der Blutaltar von Tilman Riemenschneider auf der Empore, der als »würdiger Rahmen« für eine Heilig-Blut-Reliquie aus der Spätzeit der Kreuzzüge erbaut wurde. Nahezu einzigartig an der zentralen Darstellung des letzten Abendmahles ist neben der Kunstfertigkeit der Figuren auch deren Anordnung mit dem Verräter Judas im Zentrum der Darstellung, den an Jesu Brust ruhenden Lieblingsjünger Johannes verdeckend. Aber auch den Hauptaltar mit den Figuren der Apostel sollte der Pilger unbedingt als Ganzes in Ruhe auf sich wirken lassen, dann aber auf jeden Fall auch die Altarrückseite ansehen, die Ausschnitte der Jakobuslegende zeigt.

Adressen und Öffnungszeiten:

Töpferei im Chausseehaus, Chausseehaus 1, 91628 Steinsfeld, Tel. 0 98 61/79 41, Mo–Fr 9.00–18.00, Sa 9.00–13.00

St.-Jakob-Kirche, Kirchplatz, 91541 Rothenburg, Apr–Okt: tägl. 9.30–12.30, 13.00–17.00, Nov, Jan–März: 10.00–12.00, 14.00–16.00

Kirchengemeinde St. Jakob, Klostergasse 15, 91541 Rothenburg, www.jakob-steht-auf.de, Gästepfarrer Oliver Gussmann ist zu erreichen unter Tel. 0 98 61/70 06 25

Handwerkerhaus, Alter Stadtgraben 26, 91541 Rothenburg, Tel. 0 98 61/9 42 80, Ostern–31. Okt: tägl. 10.00–18.00

Mittelalterliches Kriminalmuseum, Burggasse 3–5, 91541 Rothenburg, Tel. 0 98 61/53 59, Apr–Okt: 9.30–18.00, Nov, Jan u. Feb: 14.00–16.00, Dez, März 10.00–16.00, www.kriminalmuseum.rothenburg.de

Puppen- und Spielzeugmuseum, Hofbronnengasse 13, 91541 Rothenburg, Tel. 0 98 61/73 30, März–Dez: 9.30–18.00, Jan, Feb: 11.00–17.00, www.spielzeugmuseum.rothenburg.de

Deutsches Weihnachtsmuseum, Herrngasse 1, 91541 Rothenburg, tägl. 10.00–17.30, www.weihnachtsmuseum.de

Einkehr (E):

»Rödertor«, Kartoffelrestaurant, Ansbacher Straße 7, 91541 Rothenburg, Tel. 0 98 61/20 22, Mo–Sa 11.30–14.00, 17.30–23.00, So 11.30–14.00, 17.30–22.00 (nicht direkt im Zentrum, aber sehr leckere Kartoffelspezialitäten zu angemessenen Preisen)

»Landknechtsstübchen«, Galgengasse 21, 91541 Rothenburg, Tel. 0 98 61/33 23, Mi–Mo 11.00–14.30, 18.00–21.30, Di Ruhetag (saisonale Speisen, gemütlich)

Übernachtungen (Ü):

»Glocke Ringhotel Rothenburg«, Am Plönlein 1, 91541 Rothenburg, Tel. 0 98 61/95 89 90, Einzelzimmer ab 61,00 €, Doppelzimmer ab 72,00 €, www.glocke-rothenburg.de (nach der Glocke des einstigen St.-Johannis-Spitals aus dem frühen 13. Jh. benannt)

»Gästehaus Hofmann«, Stollengasse 29, 91541 Rothenburg, Tel. 0 98 61/33 71, www.hofmann.rothenburg.de, schlichte, preisgünstige Zimmer ab 28,00 €, auf besondere Angebote achten.

Verkehrsverbindung/Rückfahrt (V):

Rothenburg–Nürnberg: gute Verbindungen mit der Bahn über Steinbach und Ansbach oder Dombühl

Extras:

Klenk Kutschfahrten, Ernst Klenk, Nelkenweg 1, 91607 Gebsattel, Tel. 0 98 61/8 69 22, www.kutschfahrten-rothenburg.de (Tagestouren, Stadtrundfahrten, Taubertalfahrten nach tel. Vereinbarung)

Informationen:

Tourismus Service Rothenburg, Marktplatz, 91541 Rothenburg, Tel. 0 98 61/40 48 00, www.rothenburg.de, Mo–Fr 9.00–12.00 und 13.00–18.00 (Nov–Apr nur bis 17.00), Sa/So 10.00–15.00 (Nov–Apr bis 13.00)

Pilgers Ziel – Ankunft in Santiago de Compostela: Ein Pilgerbericht

Vom Gipfel des Monte de Gozo aus sehen wir unter uns, wenige Kilometer entfernt, die Stadt Santiago de Compostela. Berg der Freude wird er genannt, weil die Pilger nach ihrem langen Weg endlich das Ziel vor sich sehen können, und entsprechend sind die letzten Kilometer auch für die müdesten Füße keine große Anstrengung mehr.

Santiago ... die ersten Eindrücke sind zwiespältig. Nach dem langen Weg durch kleine Dörfer und stille Natur, der Großartigkeit der Berge von Galizien und dem freundlichen »Buon Camino«, mit dem Pilger und Einheimische einander unterwegs gegrüßt haben, erscheint die Stadt groß und düster, wir Wanderer mit unseren Rucksäcken und Wanderstäben irgendwie fehl am Platz, Fremdlinge, die wir ja auch sind. Bis wir vor den gewaltigen, imposanten Mauern der Kathedrale auf bekannte Gesichter treffen, auf Pilger wie uns. Unterwegs sind wir einander immer wieder begegnet, bis die einzelnen Wanderer trotz aller Unterschiedlichkeit zu einer Art Gemeinschaft geworden sind.

Nun werden auch wir angesteckt von der Freude der Einheimischen wie der Besucher: Der Feiertag des Heiligen Jakobus am 25. Juli steht bevor, und die ganze Stadt wird zwei Tage lang feiern.

Unser erster Weg führt ins Pilgerbüro, wo wir nach Vorlage unseres Pilgerpasses unsere lateinisch verfassten Pilgerurkunden ausgestellt bekommen. Um zwölf Uhr mittags wird jeden Tag in der Kathedrale die Pilgermesse gelesen, um die Neuankömmlinge zu begrüßen und ihrer Wanderung einen feierlichen Abschluss zu verleihen. Wir sind geblendet von dem matten Gold des riesigen Altares, der Pracht und schieren Größe dieses Gotteshauses und dem langsamen Schwingen des mannshohen, 54 Kilogramm schweren Weihrauchkessels, der nur an besonderen Tagen wie dem heutigen 25. Juli zum Einsatz kommt. Dafür verstehen wir von dem gesamten Gottesdienst kein Wort, denn auch die Festlichkeiten zum Jakobstag werden am Mittag eröffnet – mit einem Feuerwerk direkt vor der Kathedrale; der Krach ist ohrenbetäubend. Nach der Messe werden wir von einer langen Reihe von Menschen auf den Altar zu geschoben und finden uns schließlich in der Krypta unter dem Hauptaltar wieder, in der die Gebeine des Apostels ruhen. Wir legen oben, hinter dem Altar, wie alle anderen auch, unsere Hände auf die Schultern einer sitzenden Jakobusfigur ... Wir sind am Ziel, wir sind da – und einen Moment lang sind wir wirklich angekommen.

Sigrun Arenz

Die Autorinnen und Autoren

Von Lichtenfels nach Nürnberg:

Reinhard Weirauch hat sein bisheriges Leben freiwillig überwiegend in Mittel- und Oberfranken verbracht. Er beschäftigt sich professionell mit zweckgebundenen Texten (Theater, Werbung, Presse) und ist zudem unprofessioneller, aber begeisterter Streckenwanderer – gerne auch ein Stückchen weiter. Ob nah oder fern – auf dem Wanderweg ist Reinhard Weirauch immer auf der Suche nach der Blume (blau) und dem Karpfen (gebacken).

Von Nürnberg nach Rothenburg o. d. Tauber:

Nikola Stadelmann, geboren 1971 in Nürnberg, bezeichnet sich selbst als »noch relativ junges altes Theatertier«. Seit 1993 arbeitet sie an verschiedenen Theatern in Deutschland und Österreich, derzeit als Leiterin der Abteilung Presse- und Öffentlichkeitsarbeit/Marketing am Theater Görlitz. In ihrer Freizeit schnürt sie gerne die Wanderstiefel und durchstreift mit ihrer Hündin Ilia und ihrem Freund und Kollegen Andreas Oberbach, der auch bei diesem Projekt mit von der Partie war – danke! –, auf Schusters Rappen die Lande.

Von Würzburg nach Rothenburg o. d. Tauber:

Sigrun Arenz wurde 1978 in Nürnberg geboren. Neben dem Studium der Germanistik und Theologie in Erlangen ist sie als freie Mitarbeiterin im Kulturbereich für die Fürther Nachrichten tätig und beteiligt sich an der literarischen Rubrik »Fürther Freiheit«.

Register

M

N

O

P

R

S

T

U

V

W

Z

Zu Besuch bei Rittern

▷ Das Buch für alle Burgenfans: *Burgen und Schlösser in Mittelfranken* stellt 99 Bauwerke vor – mit fachkundigen Texten zu Geschichte und Architektur, interessanten Anekdoten, Besichtigungsinfos, Grundrissen und vielen Farbfotos. Alle wichtigen Burgen und Schlösser, z. B.:

- Kaiserburg Nürnberg
- Renaissanceschloss Hersbruck
- Festung Wülzburg
- Burg Abenberg
- Schlösser in Obernzenn
- Erlanger Schloss
- Cadolzburg

D. Burger / B. Friedel
Burgen und Schlösser in Mittelfranken
Klappenbroschur, 272 Seiten
ISBN 978-3-89716-379-9

ars vivendi